내 무기력이 사랑한 문장들

내 무기력이 사랑한 문장들

스무 개의 고민과 스무 권의 책　　곽하늘 지음

나는 그냥 좀 편해지고 싶었다.
나답게 살고 싶었다.

그러려면 내가 누구인지,
내가 무엇을 원하는지,
뭐가 필요한지 알아야 했다.

그런데 대체 어디서, 무엇을,
어떻게 시작해야 좋을까?

프롤로그

　이 책은 내가 삶 곳곳에 도사린 구덩이에 빠질 때마다 동아줄이 되어 준 스무 권의 책에 대한 이야기다. 이 글에는 내가 겪어 온 스무 가지 고민과 그때마다 나를 지켜준 스무 권의 책이 담겨 있다. 나는 그 누구에게도 털어놓기 어려운 고독이 찾아들면 침묵 속에 글을 읽고 밑줄을 마구 그었다. 쏟아내지 않으면 견딜 수 없는 마음이 들 때마다 먹어 치우듯 읽은 책에 대해 뱉듯이 썼고 거친 돌을 체에 거르듯 문장을 고르고 고쳤다. 왜 '읽고' 썼는지에 대해 말하자면, 외부로 향하는 시선을 내부로 돌리는 과정에서 편향된 감정과 생각에 빠지지 않기 위함이었다. 귀하게 읽힌 책을 다시금 들춰보며 목에 걸린 듯 잘 넘어가지 않는 문장들에 주의를 기울이면서 썼더니 나의 오랜 결핍과 욕망, 통찰 같은 것들이 글에 배어나기 시작했다. 설익은 글이라도 쓰고 고칠수록 오래 씹은 밥알같이 감칠맛이 났다.

　나의 쓰기는 하나의 인문 실험이었다. 글이 균형을 찾아갈수록 삶도 조금씩 나아지는 것을 느꼈다. 나를 구해준 책들을 함께 나누고 싶었다. 인생의 방향성을 찾지 못해 헤매고 있거나 불안정한 자존감과 정체감 때문에 마음이 흔들거리는 청춘들이라면 한 번쯤 고민해 봤을, 아주 보편적인 주제들을 추렸다. 내 고민의 물살대로 목차를 구성했지만, 지금 당신이 처해 있는 상황과 맞닿아 있는 주제를 먼저 골라 읽기를 권한다. 내가 그랬듯, 이 책에 담긴 문장들을 통해 당신의 정신적 성장통이 조금이나마 덜어지기를 소망한다.

이 책의 시작은 2021년으로 거슬러 올라간다. 그해 가을, 나는 삼십여 년 인생 중 가장 길었던 고민의 마침표를 찍었다. 맞지 않는 옷을 입고, 원하지 않는 일을 꾸역꾸역하면서 마음이 자주 고꾸라졌던 탓일까. 몸 여기저기가 고장 난 듯 아팠지만, 몸이 보내는 신호를 외면하고 계속 달렸다. 그런 나를 멈추게 한 건 다리였다. 아픈 데 없이 멀쩡하기만 했던 무릎에 갑자기 웬 종양이 생긴 것이다. 그 이후로 강도 높은 운동은 물론이고, 오래 걷기도 할 수 없게 되었다. 그제야 제자리에 맥없이 주저앉아 지나온 날들을 하나씩 되짚어 보았다.

중학교 때 입시 미술을 시작한 나는 예술고등학교를 거쳐 대학에서 시각디자인을 공부했다. 미련하리만치 성실한 학생, 그게 나였다. 학점 관리도 잘했고, 대외 활동 등 스펙도 열심히 쌓아 두었다. 포트폴리오도 꼼꼼히 준비했다. 그런데 취업이 안 됐다. 대학 동기들이나 주변 친구들은 대기업이나 알짜배기 회사에 척척 잘만 붙는데, 나는 우수수 떨어지기만 했다. 패인은 면접에 있었다. 면접만 가면 준비한 자기소개 하나도 제대로 못 할 만큼 죽을 쒔다. 낙방이 계속되자 자존심이 대수가 아니었다. 나를 불러주는 곳이라면 어디든지 가겠다는 심정에 내몰렸을 때, 한 작은 출판사에서 연락이 왔다. 나는 그곳에서 최저 임금을 받으며 사회생활을 시작했다.

일은 나름대로 익숙해졌지만, 경력이 쌓일수록 디자인에 별 재능이 없다는 의심이 확신으로 바뀌었다. 아무리 열심히 일해도 자존감이 회복되기는커녕 깎여만 갔다. 그렇게 8년이라는 세월이 흘렀다. 속이 곪아 터지고 있었다. 그러다 문득, 이런 질문이 올라왔다. '이렇게 영혼 없이 쭉 살다가 죽는 건가? 이게 최선인가?' 현 상태가 쭉 이어지는 미래를 상상해 봤다. 전혀 설레거나 행복하지 않았다. 당장 다 잃는대도 아쉬울 게 없을 정도였다. 이 상태로 수십 년을 사느니 단 몇 달을 살더라도 자유로워지고 싶었다. 바로 그때, 비로소 나는 퇴사를 결심했다. 한데 문제는 일뿐만이 아니었다.

취업 실패가 부모님과의 사이에 보이지 않는 균열을 만들기 시작했다. 부모님으로서는 기껏 좋은 대학 보내놨더니만, 이름도 모를 작은 회사에 다닌다고 하니 속이 상할 만도 했을 것이다. 하지만 당시에는 부모님의 마음을 헤아릴 만한 여유가 없었다. '헝그리 정신이 없다', '자존감이 낮다'는 말들이 마음을 후벼 팠다. 전에 없던 간섭과 걱정 세례 속에 나는 내가 더 이상 부모님에게 자랑할 만한 딸이 못 된다는 걸 알았다. 회사에서도, 집에서도 나는 충분치 못했기 때문에 부단히 노력해서 다른 사람이 되어야 할 것 같았다. 나의 오랜 근간이 되어 준 지반 전체가 흔들리는 느낌이었다.

적은 급여와 함께 경제적인 고민도 자라났다. 그런데도 막상 돈벌이에는 소극적이었다. 애초에 돈에 밝히도 않았지만, 긍정적인 미래 계획이나 희망이 없는 나에게는 부자가 되어야 할 이유가 하등 없었다. 그 대신 나는 뜨거운 연애에 청춘을 쏟아부었다. 만남과 이별을 반복하다 보니 어느새 서른 중반이 되었다. 주변 친구들의 결혼식을 다니다 보면 불안감이 올라왔다. 다들 결혼하고, 집을 마련하고, 아이를 낳고 기르는 동안 나만 어른이 되지 못하고 있는 건 아닐까? 꼭 결혼이라는 퀘스트에서도 뒤처진 기분이었다. 헤어짐이 꼭 낙방 같았다. 아직 인연을 못 만난 거겠지, 하다가도 정말 나한테 무슨 큰 문제라도 있나 생각하게 됐다. 그러면서 '아직 결혼은 잘 모르겠다', '급하지 않다', '혼자 사는 게 나을 수도 있다'라며 쿨한 척하고 다녔다. 실은, 누구보다 안정적인 결혼을 간절히 꿈꿨으면서 말이다.

스스로 괜찮은 사람이라는 확신이 없다 보니 그 누구에게도 솔직해지기가 어려웠다. 심지어 나 자신에게조차도. 때로는 사람을 만나는 게 무서웠다. 사람을 만나야 외로움이 채워지는데, 막상 사람들 사이에 있으면 눈치를 보느라 금세 피곤해졌다. 이곳저곳에 휘둘리며 원하는 인생을 꾸리지 못하고 산 여파는 여기저기서 골칫거리를 만들었다. 일, 관계, 건강, 그리고 크고 작은 일상에 이르기까지. 나는 그냥 좀 편해지고 싶었다. 나답게 살고 싶었다. 그러려면 내가 누구인지, 내가 무엇을 원하는지, 뭐가 필요한지 알아야 했다. 그런데 대체 어디서, 무엇을, 어떻게 시작해야 좋을까? 처음에는 막연한 불안에 내몰려 일거리와 배울 것을 찾았다. 별 관심도 없었던 재테크나 자기 계발에도 마음이 끌려갔다. 나침반이 제 방향을 가리키기 전, 그 정신없는 떨림 같은 시기였다. 한참을 헤매던 중에 오마에 겐이치의 《난문쾌답》속에서 내 인생을 바꿔 줄 문장을 만났다.

> 인간을 바꾸는 방법은 3가지뿐이다. 시간을 달리 쓰는 것, 사는 곳을 바꾸는 것, 새로운 사람을 사귀는 것. 이 3가지

방법이 아니면 인간은 바뀌지 않는다. '새로운 결심을 하는 것'은 가장 무의미한 행위다.

하지만 새로운 사람을 만나고, 시간을 다르게 써봐도 익숙한 곳에서는 근본적인 변화가 일어나지 않았다. 더욱 극적인 상황이 필요했다. 사는 곳을 바꿔야겠다는 마음이 일어났다. 나를 아무도 알지 못하는 곳이면서도, 새로운 네트워킹이 가능한 곳이었으면 했다. 번잡한 도시에서 벗어나고도 싶었다. 그즈음 농림축산식품부에서 주관하는 '시골언니 프로젝트'를 알게 되었다. 농촌살이에 관심 있는 여성 청년들이 안전하게 지역을 탐색하도록 마련된 프로그램이었다. 총 8개의 지역 중 '해발 500미터의 산골마을에서의 쉼과 명상, 비폭력대화, 해방일지' 같은 키워드를 내세운 울주가 눈에 들어왔다.

뜨거운 7월의 여름날, 울산역으로 픽업을 나온 시골언니의 차에 올라탔다. 구불구불한 산길을 한참 달리다 보니 높은 산등성이 사이에 있는, 어딘지 비밀스러운 마을로 들어섰다. 인프라라고는 작은 슈퍼와 분교, 작은 도서관, 프로그램이 진행된 게스트하우스가 전부인 작은 동네였다. 울주에서의 시간은 도시에서는 좀처럼 누릴 수 없었던 자연의 신비를 만끽하는 나날이었다. 침묵 속에 찬찬히 걸어 올라간 숲길에서 맡았던 냄새, 나무에 매단 해먹 위에서 마주한 파란 하늘, 한밤중의 달빛 산책에서 만난 별똥별, 달콤한 옛날 팥빙수를 먹으며 바라봤던 싱그러운 논밭, 활공장 위에서 내려다 본 마을 전경, 울퉁불퉁한 길을 달리는 트럭 위에서 느꼈던 뜨거운 바람 한 자락, 캄캄한 여름밤을 생생하게 만드는 풀벌레 소리까지. 오랜만에 소음과 악취로부터 자유로워졌다. 무엇보다 시끄러운 내면의 소리가 잦아들었다. 자연 앞에서는 그 어떤 평가도 받지 않아도 되었다. 고요 속에 질문과 사유가 자라났다. 어쩌면 이런 게 진짜 인생이 아닐까? 이제까지 난 뭘 좇아온 것일까? 앞으로 나는 어떻게 살아야 할까?

내 한 몸을 누일 수 있는 잠자리만 마련된다면 이곳에 머물면서 인생을 실험해 보고 싶다는 마음이 일었다. 돌다리를 두들기고도 웬만해서는 잘 건너지 않는 소심한 나로서는 상당히 충동적인 생각이었다. 앞뒤 재지 않고 이 깡촌에서 한번 살아보자는 용기를 내보기로 했다. 많은 사람들에게 신세를 져가며 1년이 넘는 시간을 보냈다. 빚진 마음은 생의 땔감이 되었다. 그곳에서 나는 이전과는 전혀 다른 삶을 살았다. 낮에는 마을의 학교에서 선생님으로, 저녁에는 게스트하우스의 스탭으로 일했다. 지역 저널에 기사를 기고하고, 인터뷰를 기획해 길거리를 쏘다니기도 했다. 경로당에서 동네 어르신들 앞에서 마술 수업도 해

보고, 지역센터에서 그렇게 싫어했던 디자인을 주제로 강의도 했다. 새로운 터전에서 해보지 않았던 일을 하면서 미처 몰랐던 나의 면면들을 발견했다. 물론 여전히 확신 따위는 들지 않았다. 더 좋은 곳은 없을지 다른 지역을 기웃대기도 하고, 인간관계의 어려움에 부딪혀 슬픔과 분노를 오가는 것이 내 시골살이의 적나라한 현실이었다. 아무 연고 없이 새로운 터전에서 살아남는 일은 분명 쉽지 않았다. 다만, 변화하겠다는 강한 열망이 있었고, 이를 위해 무엇이든 겪어 보는 수밖에 없다고 생각했다. 어떤 문이든 일단 열어야 그다음 발걸음을 옮길 테니 말이다.

누구에게나 삶의 전환점이 될 만한 순간이 한 번쯤은 찾아온다. 나에게는 울주살이가 그런 경험이었다. 낯선 환경에서 나는 비로소 내 안의 질문과 똑똑히 마주했고, 그 질문들이 글쓰기로 이어지며 차례차례 나의 길을 밝혔다. 그리고 이 모든 변화의 실마리는 책에 있었다. 내 손을 잡아 일으켜주는 책을 한 권씩 쌓아가면서 모호한 삶의 방향이 차츰 뚜렷해졌다. 이 책은 그 치열한 방황의 흔적이다.

부디, 그 시절 나의 무기력이 사랑한 문장들이 당신에게도 도움이 되기를 바란다.

차례

프롤로그 · 6

001	가짜 자아를 내려놓아야 할 때	16
002	의존심을 버려야 할 때	23
003	새로운 도전이 망설여질 때	30
004	예기치 못한 위기가 찾아왔을 때	40
005	돈 때문에 불안하고 초조해질 때	47
006	자기만의 방이 필요할 때	58
007	삶의 쓰레기를 비워야 할 때	66
008	내 몸을 사랑할 수 없을 때	76
009	세상의 불공평함이 답답할 때	83
010	상처받은 사람을 위로해야 할 때	92
011	엄마로부터 독립해야 할 때	104

012	오래도록 상처가 아물지 않을 때	114
013	낮은 자존감이 사랑을 방해할 때	126
014	사랑 앞에 솔직해져야 할 때	138
015	인생 중대사를 결정해야 할 때	149
016	혼자 동굴에 들어가고 싶을 때	157
017	누군가의 응원이 절실할 때	166
018	포기하지 않고 나아가야 할 때	174
019	스스로 삶을 돌봐야 할 때	183
020	자신만의 이야기를 써야 할 때	189

에필로그 · 198

작가 인터뷰 · 202

가짜 자아를 내려놓아야 할 때

《나는 왜 무기력을 되풀이하는가》 에리히 프롬

자발성과 개성을 포기하면 삶은 좌절한다. 그들은 생물학적으로 아직 살아 있지만 그의 감정이나 영혼은 이미 죽었다. 계속 움직이긴 하지만 생명은 모래처럼 손가락 사이로 빠져나간다.

이 책을 처음 읽은 건 그 어느 때보다 바삐 지내던 서른 무렵이었다. 그때 나는 막 두 번째 회사로 이직해 워라밸을 누리고 있었다. 인생 첫 자취의 자유를 만끽하면서 성당 청년회 활동에 몰입하던 때이기도 했다. 하루가 빈틈없이 꽉꽉 들어차 있었는데도 어딘가 허전하고 불안했다. 정체 모를 분노에 잠식당하는 날들이 많았다. 무기력하다고 하기에 나의 일상은 너무도 정력적이었음에도 《나는 왜 무기력을 되풀이하는가》라는 제목에 이끌려 먹어 치우듯 이 책을 읽었다.

1930년대의 에리히 프롬은 '자기 밖의 목적을 위해 자신을 이용한다'는 자기 착취적 시대에 관해 이야기한다. 100년 가까이 지난 지금, 우리는 자기 개성화와 자기실현의 시대를 산다. 하지만 사상적, 물리적 풍요만큼이나 한데 뒤엉킨 욕망과 가치들에 휩쓸리기 십상인 시대이기도 하다. 과잉 정보와 강박적 노출이 매일매일, 초 단위로 공유되고 소비되기 때문이다. 그때나 지금이나 대부분의 사람들은 진짜와 허울의 차이를 더 이상 보지 못한다. 무의식적으로는 그 차이를 너무나 잘 인식하면서도 말이다. 책에는 인간의 본질을 파헤치는 질문과 깊은 통찰이 담긴 문장들이 가득했다.

특히 에리히 프롬은 무력감을 대체하는 가장 흔한 과보상 행동으로 '분주함'을 꼽았다. '그들은 항상 무슨 일이든 해야 한다'고 생각하며 '이리저리 뛰어다니고 이것저것을 감행하여 위험을 막기 위해 극도로 활동적이라는 인상을 일깨운다'는 것이다. 그의 말처럼 '과도한 단체활동'과 '다른 사람에 대한 쉼 없는 걱정'으로 나는 가짜 활력을 얻고 있는 걸지도 몰랐다. 한꺼번에 서너 개의 봉사직을 맡고서는 모두의 인정과 호감을 얻지 못할까 봐 전전긍긍했다. 강한 책임감 밑면에는 상대방이 나를 안 좋게 보면 어떡하나 하는 불안이 있었다. 뭔가를 해냄으로써 자아를 증명해 내고 싶은 조바심도 컸다.

당시 내가 가장 어려워했던 것은 맡은 역할에 걸맞은 결단을 내리는 일이었다. 사소한 결정 하나를 두고도 주변 사람에게 일일이 묻고 확인했다. 그 과정이 아무리 피로해도 어쩔 도리가 없었다. 일하는 요령도 부족했지만, 그보다는 스스로가 무엇을 원하는지를 몰랐기 때문이다. 그 와중에 시도 때도 없이 화가 치밀어 당혹스러웠다. 분명 좋은 의도로 시작했던 봉사였다. 그런데도 자꾸 함께 일하는 사람들을 탓하게 되는 내가 한심했다. 무력감이 불러오는 가장 중요하고 일반적인 결과가 '분노'라는 문장이 정곡을 찔렀다. 분노와 반항이 억압을 넘어 그 뿌리가 부러지거나 휘는 경우 친절과 과도한 순응으로 표현된다는데, 내 꼴이 딱 그랬다. 등 뒤에 분노의 화살을 숨기고서 미운 사람에게 떡 하나 더 주듯 잘하려고 노력했던 것이다.

책을 읽으며 비로소 알았다. 나의 감정과 행동에 깃든 모순의 원인이 '잃어버린 자발성'에 있다는 것을. 그때부터 왜 많은 것을 갖고도 갈증이 해소되지 않는지, 이 불안의 출처는 어디인지, 오랜 열등감과 무력감의 뿌리는 무엇인지, 내 고유한 사고, 감정, 행위라고 믿었던 것이 집단 암시의 결과물은 아닌지, 내가 받아 온 교육이 어떻게 나의 자발적 감정을 망쳐왔는지, 진짜 삶을 되찾을 수 있는 방법이 무엇인지 스스로에게 묻고 또 물었다.

나도 '퇴보에 빠지지 않고 전진하고 진보하려 노력하는 사람만이 자유로울 수 있다'라는 책 속 문장을 살아내고 싶었다. 하지만 그 후로도 무기력에 연거푸 지곤 했다. 자꾸 다른 사람들의 기대나 평가에 나를 맞췄다. 그러면 또 불만이 생겼다. 이렇게 살다가는 가슴이 다 타버릴 것만 같았다. 남들 하는 대로 살지 않으면 무가치한 인간이 될 거라는 생각에서 벗어날 필요가 있었다. 아무것도 하지 않아도 괜찮은 환경에 나를 데려다 놓기로 했다. 오랜 고민 끝에 퇴사를 감행한 후 긴 여행길에 올랐다. 나를 아무도 알지 못하는 곳에 가서, 한 번도 해보지 않았던 일을 경험해 보면 진짜 자아를 발견할 수 있지 않을까?

그렇게 떠나온 길 위에서 초고를 쓰기 시작했다. 처음부터 대단치 못한 나의 글이 감히 책이 될 거라고 생각한 것은 아니었다. 이 책의 첫 시작은 공동 집필 프로젝트였다. 온라인 독서 인증 모임에서 함께 책을 쓸 멤버를 모집한다기에 가벼운 마음으로 뛰어든 것인데, 나도 참 무모했다. 초면에 가까운 사람 다섯이 만나 한 권의 책을 내는 일이 어찌 수월할 것이라고 예단했을까. 글의 주제와 색을 조율하기 위해 많은 이야기를 생략해야 했고, 타인의 글에 각기 다른 기준을 가지고 여럿이 손을 대는 작업이 과연 타당한가에 대한 의문도 끝내 지워지지 않았다. 제목이나 디자인 등이 단순 투표로 결정되고 마는 한계도 있었다.

편집디자이너로 책 만드는 일을 해왔지만, 내 책만큼은 내가 주도권을 가지고 써야 한다는 사실을 그때는 미처 몰랐다. 어떻게든 프로젝트를 끝내야 한다는 맹목성에 쫓기며 멍에를 멘 소처럼 2년을 나아갔다. '약속한 일이니 끝내야지. 불편한 속내를 내비쳐서 굳이 갈등을 만들 필요는 없잖아? 여기서 그만두면 나만 이상한 사람 되는 거야.' 그만두고 싶은 마음을 보지 않은 채 침묵과 순응을 택했다. 나쁜 사람이 되고 싶지 않아서 한 선택이었지만, 결국 막바지에 이르러서야 프로젝트를 엎어 버렸으니 함께 글을 쓴 동료들에게 나는 결코 좋은 사람은 아니었을 것이다.

> 자발적으로 행동하지 못하고 진정한 느낌과 생각을 표현하지 못하는 무능력, 그로 인해 타인과 자신에게 가짜 자아를 내보일 수밖에 없는 것이 열등감과 무력감의 뿌리이다. 의식하건 안 하건 자기 자신이 아닌 것보다 더 부끄러운 일은 없으며, 진짜 자기 것을 생각하고 느끼고 말하는 것보다 더 큰 자부심과 행복을 주는 것도 없다.

가짜 자아를 내보이는 대신 더 일찍 내 욕구와 생각을 자각하고 표현했다면 좋았겠지만, 덕분에 '진짜 내 것'이 무엇인지를 알 수 있었다. 결과물을 뽑아내는 것이 최우선이었던 동료와 쌓아왔던 소통 문제가 수면 위로 드러났을 때, 진짜 내가 하고 싶었던 말이 입 밖으로 튀어나왔다. 작업의 완성도나 방식이 문제가 아니었다. 나에게는 사람 사이에 마음이 오가는 과정이 중요했다. 감정적이라고 비난한대도 할 수 없었다. 평화를 지킨답시고 내가 중요시하는 가치를 무시당하면서도 아무 말도 못 하는 게 더 부끄러웠다. 서로를 존중할 수 없게 된 상태에서 함께 책을 내는 것은 무의미하다고 판단했다. 알고 보니 나뿐만 아니라 여기저기서 불협화음이 있었다. 이 모든 것을 못 본 척하고 세상에 글을 내보이고 싶지 않았다. 그렇게 만들어진 책은 진실이 아니니까. 그래서 나는 내 이름 석 자를 걸고, 홀로 출판을 결심했다. 이제는 진짜 나를 말할 때가 되었다고 생각했다.

    타인에게 내 주체성을 위임함으로써 빠졌던 무기력에서 벗어나고 나서야, 이렇게 온전한 내 이야기를 쓴다. 혹, 나처럼 열심히 살면서도 불만이 해소되지 않는다면, 타인의 말에 흔들리면서도 자꾸 게을러진다면, 지금 당신 곁에도 무기력이 찾아온 것일지도 모른다. 그럴 때 나는 이 책을 권한다. 무기력한 자신을 비난하거나 방치하지 말고 다층적으로 이해함으로써, 변화의 싹을 틔워 보기를.

함께 읽으면 좋을 책

《자유로부터의 도피》에리히 프롬
《아들러 심리학 입문》알프레드 아들러
《자기 결정》페터 비에리

의존심을 버려야 할 때

《우리가 명함이 없지 일을 안 했냐》 경향신문 젠더기획팀

한 장의 명함엔 여러 정보가 담겨 있지만 그 사람의 진짜 이야기는 보여줄 수 없을지도 모른다. 그래도 우리는 평생 일한 여성들에게 명함을 찾아주고 싶었다. 누군가의 그림자가 아니라 삶의 주체이자 진짜 일꾼으로 살아온 그들의 가치를 기록하고 싶었다.

어느덧 서른 중반이 되었는데도 여전히 '일'이 제일 고민이었다. 중학교 때부터 미술이라는 큰 갈래 안에서 허우적거린 지가 벌써 18년째였다. 살아온 시간의 절반이었다. 망망대해처럼 느껴지는 흰 대지가 매일 나를 벼랑 끝으로 밀어 넣었다. 이대로 정년까지 회사에 남아있을 수 있다 한들 티끌 같은 희망도 보이지 않았다. 이미 내 눈은 생기 하나 없이 말라 있었다. '이렇게 평생 사느니 한 달 뒤에 죽는 한이 있더라도 내가 하고 싶은 것을 찾다 죽겠어!' 호기로운 마음이 올라오다가도, 울타리 밖 고난과 실패를 상상하지 않을 수 없었다. 모험을 떠나지 않으면 말로는 무수한 가능성을 그리며 떠들 수 있다. 그러다 길을 떠났는데 정말로 뭐가 없으면 어쩌나. 내 인생이, 진짜로 별거 아니면 어쩌나.

막연한 두려움을 어쩌지 못하고 차일피일 미루며 수개월을 흘려보냈다. 이래 죽으나 저래 죽으나 어차피 별 볼 일 없는 인생이라면 두려울 게 무엇이란 말인가. 굶어 죽을까 봐? 8년간 모아둔 돈이 있으니 당분간 그럴 일은 없었다. 누군가가 나를 뜯어말리나? 나를 낳고 기른 부모님도 다 큰 딸을 말릴 생각은 없어 보였다. 오히려 엄마는 주저하는 나를 이해하지 못하는 듯했다. 출항 준비를 마치고도 1년 가까이 정박해 있던 나를 바다로 나아가게 한 건 순풍 같은 엄마의 말 한마디였다. "하던 일

그만둔다고 세상 안 망해. 한 살이라도 젊고 자유로울 때 하고 싶은 거 다 해!"

그렇다고 뚜렷한 목적지가 있었던 것은 아니었다. 글자 그대로 '어쩌다' 보니 나의 첫 탐험지는 울주의 한 시골이 되었다. 무엇 하나 확실하지 않은 내 마음이 시골이라는 단어에 반응했던 탓이다. 작은 인연에 이끌려 한 산골마을에 잠시 머물게 되었지만, 1년살이를 하게 된 계기는 결국 일이었다. 그곳에서 나는 마을 교사로 일했다. 파트타이머 계약직이었지만 아직 뿌리 내리지 않은 나로서는 오히려 좋았다. 마을 분이 운영하는 게스트하우스에서 지내게 된 덕분에 당분간 주거 문제도 큰 걱정이 없었다.

매일 아침 명상을 한 후 사람들과 대화를 하고, 자유로운 낮 시간을 보내다 밤하늘에 촘촘히 박힌 별을 보며 잠드는 나날이었다. 〈리틀 포레스트〉만큼은 아니더라도 제법 낭만적인 경험이었다. 하지만 이내 불편한 기시감이 찾아왔다. 마을 어른들은 전기세와 보일러 기름값 문제부터 기상 시간과 산책 여부, 하다 하다 남자 게스트와의 관계까지 염려했다. 그들에게 나는 동등한 어른이 아니었다. 챙겨야 할 대상으로 보는 느낌이 역력했다. 본가에서 살 때의 느낌과 상당히 유사했다. 의존할 대상이 있다는 것은 안정감을 주지만 그에 상응하는 통제와 부채감이 따르기 마련이다. 그보다 더 큰 맹점은 주체성 상실이었다. 나는 어느새 마을에서 만난 어른들에게 자신을 의탁하고 있었던 것이다. 모험을 떠나와 놓고, 이렇게 안주할 때인가. 제 발로 새장으로 또 들어갈 텐가. 자립을 위한 자극과 용기가 동시에 필요했다.

《우리가 명함이 없지 일을 안 했냐》는 인생의 험난한 파도를 넘어온 강인한 6070 여성들의 인터뷰집이다. 그녀들은 결혼 직전까지 남자 형제들을 뒷바라지하느라 자신들에게는 교육의 기회조차 없었다고 고백한다. 얼굴 몇 번 보지 않은 남자와 결혼하는 동시에 직장을 그만두는 것이 당연했던 시대적 상황, 이후에는 그 남자의 집안을 책임지기 위해 집안일과 바깥일을 넘나들어야 했던 현실을 덤덤히 토로한다. 온갖 삶의 굴곡을 이겨내고도 명함 한 장 갖지 못했지만, 그녀들은 자부심을 품고 살아간다. 마땅한 일이다.

> 애들이 생활비 준다고 그만두라고 하는데, 내가 버니까 친정도 KTX 타고 왔다 갔다 하고 언니 아플 때 반찬도 해서 보내주고 했죠. 자식들한테 받으면 그 돈을 그렇게는 못 쓸 것 같아요. 내가 벌어서 우리 아저씨 먹이고, 대학 병원

도 다니고요. 손녀들한테도 '인기 짱'이야. 군것질거리도 사주고 용돈도 줄 수 있잖아요. 얼마나 좋아요.

눈뜨면 내가 나갈 자리가 있다는 게 참 좋은 거예요. 일할 수 있는 것만으로도 감사해요.

나이가 먹어도 일을 할 수 있다는 사실에 감사한다는 말, 내가 벌어서 내가 쓴다는 자부심, 나쁜 일이 파도처럼 밀려와도 도망가지 않았다는 말 하나하나가 허투루 들리지 않았다. 내가 해온 일들이 하찮은 것은 아니지만, 그렇다고 엄청나게 치열하지도 않았다는 사실 또한 덤덤히 받아들이게 되었다. 책에서는 이들의 이야기가 '흔하디흔한 것'이라 했지만 나에게는 전혀 그렇지 않았다.

1957년생 엄마에게는 책에 나온 여성들과 달리 충분한 교육의 기회가 주어졌다. 엄마는 결혼 후에도 직장 생활을 이어 나갔지만, 어디까지나 생존이 아닌 자아실현의 일환이었다. 40대에는 새롭게 공부를 시작해 심리상담사가 되었으나, 엄마의 성취는 아빠의 경제력과 떼어놓을 수 없었다. 한편으로는 엄마의 삶이 그러했기 때문에 '경제력 있는 남자한테 시집가서 하고 싶은 것 하고 살아라'와 '엄마도 형편이 됐으면 결혼 안 하고 자유롭게 살았을 거다'와 같이 상충하는 메시지들을 보냈음을 이해하게 됐다. 나 역시 그런 엄마에게 영향을 받아왔다는 사실도 인정했다.

삶의 주체이자 진짜 일꾼으로 살아온 큰언니들의 이야기를 엿본 직후, 마을에서의 독립을 목표로 또 다른 일에 지원했다. 면접을 보고 돌아오는 길에 합격 전화를 받았던 기억이 생생하다. 적은 돈이라도 직접 벌어 생활한다는 감각이 남다르게 느껴졌다. 늘 하던 일로 번 돈이 아니라서 더 그랬다. 그 뒤로 몇 달이 지나지 않아 게스트하우스에서 나와 이사를 했다. 그래도 괜찮을 것 같았다. 물론 그 뒤로도 자립을 위한 좌충우돌 시도는 계속되고 있지만.

살다 보면 안개가 낀 듯 한 치 앞을 볼 수 없을 때가 참 많다. 그럴 때마다 나는 내 힘으로 온전히 서고 싶다는 단호한 마음을 상기한다. '다시는 남의 등에 업혀 다니지 않겠다. 누군가의 그늘에 숨지 않을 것이다. 언젠가는 다른 사람들이 의지할 만큼 든든한 큰 언니가 될 테다.' 하고 말이다.

누구나 목표를 세우고 과한 욕심만 안 부리면 하고자 하는 걸 이룰 수 있어요. '하겠다'는 생각에 빠져서 자꾸자꾸 키워가면 돼요. 지금은 부러운 것도 없고 시골에 살아도 멋있어.

그러려면 목표를 세우고 하나씩 해나가는 수밖에 없다. 여러 형태의 의존이나 나태에 빠져 있다면, 자기 객관화가 시급하다. 《우리가 명함이 없지 일을 안 했냐》와 같이 다양한 삶의 태도를 엿볼 수 있는 책을 읽는 이유다.

함께 읽으면 좋은 책

《나는 결코 어머니가 없었다》 하재영
《우리는 아직 무엇이든 될 수 있다》 김진영
《사랑한다고 말할 용기》 황선우

새로운 도전이 망설여질 때

《그대, 스스로를 고용하라》 구본형

자기가 아닌 모든 것을 버림으로써 자기로 새로 태어나는 과정이 바로 변화의 핵심이다. 그러므로 변화는 변화하지 않는 핵심을 발견하려는 열정이며, 그것을 향한 끊임없는 '움직임'이다.

'다시는 과거로 돌아가지 않겠노라.'

두 번째 직장을 그만두면서 나는 비장하게 다짐했다. 디자인이 싫었기 때문에 완전히 새로운 일 경험을 원했다. 단지 이 일만 아니면 되는 수준이 아니었다. 누가 뜯어말려도 신명 나게 일할 수 있는 천직을 찾기를 바랐으므로 이직이 아니라 전직이라야 했다. 수입이 끊기는 게 무섭다고 어설프게 발을 걸치면 안 될 것 같았다. 그래서 나는 백수가 될 결심을 했다. 퇴사 후 돈을 아끼기 위해 자취방을 정리하고 본가로 들어갔다. 열심히 달려왔으니 두어 달 정도는 재정비하는 시간을 갖기로 했다. 따뜻하게 데워진 집에서 늘어지게 잠도 자고, 오후에는 평소 관심 있었던 심리학, 글쓰기, 그림책 수업 등을 찾아다니며 시간을 보냈다.

아빠는 백조 딸의 기약 없는 방황을 미심쩍어했다. 한 우물을 파도 될까 말깐데 세상사를 너무 쉽게 생각한다는 것이었다. 나야말로 빨리 일을 하고 싶어서 안달이 나 있었다. 나만의 천직에 모든 것을 내던져버리고 싶었다. 하지만 이제껏 해왔던 디자인 일을 보험처럼 두고 싶은 유혹도 존재했다. 실패하더라도 도전해 보겠다고 마음먹었건만, 자꾸 철부지 이상주의자의 헛된 꿈일지도 모른다는 두려움 때문이었다. '이러다 이도 저도

아닌 채로 다시 옛날로 돌아가는 거 아냐?'

《그대, 스스로를 고용하라》는 나처럼 초조하고 무기력한 조직 인간이 자신의 재능을 발견하고 계발하여 스스로 삶의 가치를 끌어올리도록 돕는 자기 혁명 지침서다. 이 책에는 직장인으로서 '고용 당한다'는 개념을 죽이고 자신만의 차별화된 브랜드를 창조함으로써 삶을 새롭게 전환하는 방법이 담겨 있다. 저자는 '자기 혁명은 자신에게 잃어버린 열정을 찾아 주는 것'이라고 썼다. 맞다. 생각해 보면 나에게도 열정이 있었다. 그 열정은 어디로 갔을까? 혁명해야 할 지금의 나는 어떤 모습인가? 자기가 아닌 모든 것을 버림으로써 자기로 새로 태어나는 과정이 변화의 핵심이다. 그런데 진짜 '자기'가 없다면 혁명의 주체뿐만 아니라 목적도 없는 꼴이지 않은가. 나를 찾는 일이 급선무였다.

> 변화함으로써 얻을 수 있는 것은 무엇일까? 아주 밝고 긍정적인 변화를 생각해 보자. 더 많은 수입, 더 많은 성장 기회, 더 좋아하는 일의 발견, 그 일을 잘하게 되는 것, 열정, 적극성, 자기실현, 자기만족, 사회적 인정 등이다. 변화를 통해 우리가 얻으려고 하는 것은 '미래이며 희망이다.'

당신이 묻어야 할 과거가 무엇인지 한 장 이내로 써라. (...) 다른 사람에 대한 의존, 고용의 불안정에 따른 불안, 거짓 희망과 대박을 믿는 허황된 마음, 나태한 일상, 다른 사람이 가는 길을 따라가려는 안이함, 무기력 등, 그것이 무엇이든 스스로 정리한 과거를 단호히 흘려보내라.

나는 변화를 통해 뭘 얻고 싶은 걸까? '열정, 자신감, 용기, 즐거움, 안정적인 수입, 인내심, 자기 사랑, 새로운 경험, 결이 맞는 동료'를 원했다. 그렇다면 이런 변화를 위해 묻어야 할 과거는 뭘까? '의존성, 완벽주의, 자기 비난, 자기 의심, 열등감, 비교하는 습관' 같은 것들이었다. 무엇보다 모든 것이 갖춰져야만 새롭게 시작할 수 있다는 강박부터 버리고 싶었다. 관성을 거슬러 뭔가를 시도해 보려면 나의 장단점을 재평가할 수 있는 환경이 절실했다. 그중에서도 나는 시골로 떠났고, 그런 나를 보고 누군가는 도피 아니냐고 대놓고 묻기도 했다. 맞다. 경쟁에서 좀 벗어나 보고 싶었다. 이것이 내가 익숙한 서울을 떠나 울주에서 낯선 사람들과 살게 된 배경이었다.

처음 넉 달간은 외진 마을의 게스트하우스에서 신세를 지긴 했지만, 수입이 전혀 없는 채로 살 수는 없어서 구직을 시작했다. 시골에서 내가 할 만한 일이 있을까 싶었는데 워낙 일손이 모자라서인지 일자리가 아예 없지는 않았다. 물론 번듯하고 안정적인 직장은 아니었다. 하지만 뭐든 할 수 있다는 자신감을 키워나가고 싶었던 나에게는 아주 적합한 토양이었다. 마을교육공동체에서 교사를 뽑는다기에 덜컥 지원했다가 합격해 버렸고, 초등학교와 중학교의 협력 교사 일도 하게 됐다. 지내면서 알게 된 사람들을 통해 지역 신문과 잡지에 기사를 기고한다거나 청년들을 대상으로 디자인 강의를 하는 등 소소한 일거리도 닥치는 대로 했다.

울주에서 한 일들의 공통점은 '맨땅에 헤딩'이라는 데 있었다. 무엇 하나 체계적으로 조직된 일이 없었고, 아무도 해야 할 일을 확실하게 말해주지 않았다. 이 점이 당황스러운 한편, 묘하게 안도감이 들었다. 결과에 대한 기준치가 높거나 단일하지 않다는 뜻이기도 했으니까. 그럼에도 스스로 뭐든 해야 했다. 아이러니하게도 주먹구구식 환경 덕분에 오랜 숙제였던 완벽주의와 자기 비난에서 벗어날 기회가 생겼다. 철저히 계획을 짠다 한들 느슨한 사람들과 함께하다 보면 온갖 변수가 나타났다. 피할 수 없으니 즐기는 수밖에.

어떻게든 일은 되어갔지만, 어딜 가나 사람이 문제였다. 외지인으로 살면서 받은 많은 호의와 환대에도 불구하고, 시간이 갈수록 감정적으로 불편한 일들이 늘어났다. '집 떠나면 개고생이라더니, 내가 왜 이 멀리까지 와서 사서 고생이람?' 물론 적당히 지내는 건 얼마든지 할 수 있었다. 하지만 내 안에는 끈끈하게 결속된 공동체에 속하고 싶다는 기대가 있었다. 이런 바람이 섣부른 판단을 불렀고, 이는 실망으로 이어졌다. 지역 간 문화 차이를 무시할 수 없다는 비관론에 빠지기 시작했다. 그러다 문득 내가 또 주체성을 잃어가고 있음을 알아차렸다. 그저 제자리에서 남을 욕하고 불평할 것인가, 좋은 일을 직접 찾아 나설 것인가. 상황을 어떻게 해석하고, 무엇을 택할지는 내 몫이었다. 다시 한번, 변화가 필요한 시점이었다. 그즈음 흥미로운 지원사업을 알게 되었다. 생활 속에서 마주하는 문제를 인문적 관점에서 탐색하고 해결 방안을 찾아보는 '청년인문실험'이라는 프로그램이었다.

울주에서 내내 동고동락하던 룸메이트와 함께 지원서를 작성했다. 우리가 해결하고 싶은 큰 문제는 다음과 같았다. '어디서, 누구와 무엇을 하며 살아갈 것인가.' 질문은 거창했지만 실제로 목표한 바는 침체된 삶의 자발성을 되찾는 것이었다. 무작정 길거리에 나가 지역 주민들과 대화하는 과정 자체가 곧 활력을 가져다줄 터였다. 인터뷰의 공통 질문은 '당신이 울산에 사는 이유'와 '당신이 이곳에서 살아가는 방식'이었다. 이 지역만의 장점과 매력이 궁금하기도 했지만 진짜 내가 원한 건 좋은 사람들과의 만남이었다. 석 달간 인터뷰를 통해 열 명의 사람을 알게 되었다. 그들의 이야기가 궁금해서 시작한 일이었는데, 인터뷰이들 역시 유별나 보이는 우리의 이야기에 호기심을 보이며 응원을 아끼지 않았다. 선뜻 차에 태워주거나 울산 투어를 시켜준 사람들도 있었다. 프로젝트를 마무리하면서 한 명 한 명을 다시 찾아가 자체 제작한 응원봉과 포토 달력, 에코백을 선물했다. 특별한 도전에 선뜻 함께해 준 사람들에게 고마움을 표하고 싶었다. 당시 공동체를 향한 나의 갈증은 아이러니하게도 길 위에서 스친 인연들을 통해 해갈되었다.

용기란 재산처럼 선조로부터 물려받는 것이 아니다. 살아가면서 만들어 가는 것이 용기이다.

작은 성취를 만들수록 정말로 용기가 샘솟았다. 주최 측으로부터 서울에서 열리는 결과발표회에서 아이스브레이킹을 진행해 달라는 제안을 받았다. 예능 콘셉트를 빌려 유쾌하게 길거리 인터뷰 퀴즈쇼를 펼친 우리 팀을 인상 깊게 본 모양이었다. 나는 주목받는 것을 몹시 힘들어하는 내향인이지만, 인터뷰 때부터 큰맘 먹고 핑크색 멜빵바지에 양 갈래 머리를 하고 거리를 돌아다니지 않았던가. 이쯤 되니 못 할 것도 없었다. 나와는 달리 무대 체질인 룸메이트와 함께 무사히 임무를 완수했다. 여러모로 스스로 가지고 있던 편견과 한계를 깨부순 경험이었다.

한 번 틀을 깨고 나오자 즐겁고 설레는 일을 더 적극적으로 찾아 나서게 되었다. 강릉과 공주에서 진행된 두 번의 워케이션에 참여하면서 내가 원하는 사업을 꾸려보는 상상도 해보고, 좋은 친구들도 여럿 만났다. 뜨거운 여름이 가고 9월이 왔다. 마을 교사 계약 종료까지 석 달을 남겨 놓고 집을 구해야 하는 상황에 처했다. 새로 집을 얻기에는 울주에 계속 머물러야겠다는 확신이 서지 않았다. 빈집이나 단기 임대 방을 수소문해 봤지만 이렇다 할 방도를 구하지 못하고 시간이 흘렀다. 초조함에 이것저것 찾아보다가 경상북도에서 일을 하면 최대 두 달간 지원금을 받을 수 있는 사업을 발견했다. 그중 '경주'가 눈에 번쩍 띄었다. 퇴사 전에 써놓은 버킷리스트 중 하나가 '경주 한 달 살기'였기 때문이다.

절실해지니 우유부단할 틈이 없었다. 경주에 임시 거처를 마련하고 일을 구하는 데까지는 일주일이 채 안 걸렸다. 그렇게 경주에서 인생 첫 호프집 서빙 아르바이트를 하며 석 달을 보냈다. 많은 사람들에게는 별거 아닌 일이겠지만, 손끝이 야물지 못한 나로서는 걱정이 앞섰다. 해보니 다 적응하기 나름이라는 것을 알았다. 게다가 아르바이트를 하면서 내가 의외로 처음 보는 사람들과의 대화를 즐길 뿐만 아니라, 꽤 잘할지도 모른다는 생각까지 하게 되었다. 생각지 못한 발견이었다.

'그때부터 나는 나의 천부적인 재능을 발견하여 멋진 동료들과 함께 재미와 의미, 돈을 동시에 잡는 일을 하고 있다…'고 말하게 되기를 꿈꿨지만, 싱겁게도 내 방황의 종착지는 떠나왔던 '집'이었다. 웬만해서는 직장인으로 돌아가지 않을 것이라고 결심했건만 우여곡절 끝에 나는 서울로 돌아와 취업을 했다. 심지어 또 출판사였다. 하지만 '고용 당했다'는 개념은 아니다. 편집 디자이너의 경력을 살려 기획자로 일한다는 점도 다르다. 무엇보다 주말이 지나가는 게 싫지 않다는 게 가장 놀라운 변화다.

나는 요즘 열정적으로 일한다. 심지어 자부심까지 느낀다. 사소한 홈과 디테일에 집착하는 눈, 그리고 사람들이 편안하게 자신의 이야기를 하도록 끌어내는 것이 곧 나의 강점이라는 것을 알게 된 덕분이다. 눈만큼 따라주지 않는 창의성과 손재주에 집중하느라 내 눈이 곧 무기가 될 수 있다는 것을 몰랐다. 사람을 향한 애정과 진지함 역시 아예 다른 직업을 가져야만 그 의미가 있다고 여겼었다. 이제는 그것이 동료들과의 팀워크에 큰 도움이 된다는 것을 안다. 익숙한 곳을 떠나지 않았더라면, 나는 내 안에 무엇이 묻혀 있는지 영영 찾아내지 못했을 것이다. 제대로 된 것 하나 없이 엉망진창이었던 내 모험을 후회하지 않는 이유다. 몇 해 전, 책을 읽으며 기록해 둔 바람은 현실이 되었다. 의존성과 완벽주의, 자기 비난, 자기 의심, 열등감, 비교하는 습관을 버리고, 결이 맞는 동료들과 함께 열정과 자신감을 가지고 즐겁게 일하는 요즘 내 모습이 참 좋다.

당신도 과거를 뒤로하고 변화를 꾀하고 싶다면, 자기 혁명을 위한 나만의 답을 써보기를.

함께 읽으면 좋은 책

《인생학교 일》로먼 크르즈나릭
《내가 알고 있는 걸 당신도 알게 된다면》칼 필레머
《익숙한 것과의 결별》구본형

예기치 못한 위기가 찾아왔을 때

《키오스크》 아테네 멜레세

올가는 신문이나 잡지, 복권을 파는 아주 작은 가판대, 키오스크를 오랫동안 지켜 왔어요. 키오스크는 인생이나 다름없었지요. 어느 날 아침, 신문 뭉치가 평소보다 멀리 놓여 있었어요. 올가가 그걸 키오스크 안으로 들여놓으려 애쓰고 있는데, 남자애 둘이 과자를 훔치려고 했어요. "안 돼!" 갑자기 올가의 세상이 뒤집혔어요!

퇴사 후 시골에 내려가 겪은 이야기만 들으면 내가 대단히 용기 있는 사람처럼 보일지도 모르겠다. 혹은 타고난 성격이 화끈하고 과감한 게 아니냐고 오해할 수도 있다. 하지만 나는 융통성이 부족하고 겁은 많다. 고등학교 때부터 시작된 진로 고민을 여태껏 안고 살았다는 것부터가 그랬다. 돌이켜 보면, 미술을 하게 된 계기부터가 엉성했다. 아무 생각 없이 집 앞 화실에 나갔다가 얼결에 입시 미술의 길에 들어섰으니 말이다. 물 흐르듯 예술고등학교에 진학하게 되었지만, 입학 첫 주부터 내게는 특출난 재능도, 애정도 없다는 사실을 알아버렸다. 그 와중에 그림에 1등급부터 9등급까지 냉혹하게 점수가 매겨지는 시스템에 적응해야 했다. 아무리 용을 써도 실기 성적은 평균을 밑돌았다. 매일 수치심을 느꼈다. 열일곱, 예술이 무엇인지 알기도 전에 나는 그것을 무서워하게 되었다.

열여덟, 소거법으로 디자인과를 선택했다. 순수미술보다는 그림을 잘 그리지 않아도 되고, 좀 더 다양한 길을 모색할 수 있으리라는 판단이었다. 어쨌거나 엉덩이의 힘으로 대학에 붙었다. 목표했던 대학은 아니었지만, 1지망이 될 거라고 기대하지 않았으므로 실망도 없었다. 2지망에 합격한 것도 내 실력에 비하면 과분한 결과라고 느껴졌다. 분명 내 노력의 결실인데도 어쩐지 떳떳한 기분이 들지 않았다. 그때의 나는 겨우 머리만 물

위에 내민 채 떨고 있는 작은 동물 같았다. 조금만 움직여도 물에 빠질까 봐, 자칫하면 물을 잔뜩 먹을까 봐, 소리라도 내면 다른 동물에게 먹힐까 봐 기를 쓰고 버티느라 무언가를 느낄 여력이 없었다.

 대학 생활을 어찌저찌 버티고 났더니 사회에 나가 돈을 벌어야 할 시기가 왔다. 자신감이 없으니 취업이 잘 될 리가 없었다. 연이은 낙방 중에 문득 떠오른 것이 '출판'이었다. 평소 책을 좋아했지만 워낙 급여가 적고, 힘들다길래 깊이 생각하지 않았던 분야였다. 어차피 다른 선택권이 없다면, 마음을 따라보기로 했다. 작은 출판사에서 무작정 편집디자인 일을 시작했다. 최저임금을 받으며 2년 반쯤 일했고, 이후 이직한 회사에서도 편집디자이너로 5년을 일했다. 책이 지닌 물성과 글을 향한 애정은 점점 커졌지만, 디자인은 점점 더 싫어졌다.

 '해온 게 아깝잖아. 그래도 곧잘 해왔잖아. 적당히 먹고 살 수는 있잖아. 이제까지의 시간과 노력을 등질 만큼 간절한 꿈과 목표가 있는 것도 아니잖아.' 나를 어르고 달랬다. 그렇지만 우리가 일류는 아니지 않냐는 상사의 말에 몇 번이고 마음이 무너져 내렸다. 딱히 부정할 수 없어서 더 괴로웠다. 17년이 넘는 시간 동안 한 방향으로 걸어왔으나 아무리 봐도 내 길이 아니었다. 끊임없이 돌아가는 컨베이어 벨트에 올라탄 나는 두 다리의 힘을 잃어가고 있었다.

  억지로 몸을 일으켜 출퇴근을 반복하던 어느 날, 갑자기 무릎 한쪽이 맥없이 탁 꺾였다. 하루아침에 걸을 수 없는 이상 증세가 나타난 후, 원인 모를 희귀성 질환을 진단받았다. 종양을 떼어내는 수술부터 재활까지 석 달이 훌쩍 지나갔다. 그 시간 동안 걷지 못하는 삶을 상상했다. 갑작스러운 이 병의 의미는 무엇일까. 미루지 말고, 진짜 원하는 삶을 살라는 신호가 아닐까. 내 몸조차 내 통제 밖의 일이라면, 내가 바꿀 수 있는 문제에 집중해야 하지 않을까? 아파서 고꾸라진 김에 맹목적으로 달리는 일을 멈추기로 했다.

  현재의 삶이 만족스럽든 아니든, 누구에게나 예상치 못한 사고는 언제든지 닥쳐올 수 있다. 삶의 위기 때문에 무거워진 마음을 환기하고 싶은 사람들에게 소개하고 싶은 그림책이 있다. 바로 아테네 멜레세의 《키오스크》다. 올가는 자기 몸 하나가 겨우 들어갈 만큼 작은 키오스크 안에 앉아서 하루 종일 신문이나 잡지, 복권을 판다. 날마다 단골손님들을 친절하게 맞는 올가에게 키오스크는 그녀의 일터이자 집이고, 인생과도 같다. 일을 마치고 기진맥진한 그녀는 좁디좁은 키오스크를 벗어나는 대신 여행 잡지를 읽으며 황홀한 석양이 내려앉는 바다에 가는 꿈을 꾼다.

여느 날과 다름없던 하루, 과자를 훔치려는 남자아이 둘을 말리려다 올가의 세상이 뒤집히고 만다. 키오스크 안을 꽉 채우던 몸을 일으켜 흩어진 물건들을 줍던 중 그녀는 스스로 키오스크를 들어 올려 움직일 수 있다는 사실을 알게 된다. '그래서 올가는 잠깐 산책을 하기로' 한다. 올가는 처음 나선 산책길에 만난 강아지의 목줄에 걸려 균형을 잃고 강에 빠지게 된다. 강물은 흐르고 흘러 그녀를 바다까지 데리고 간다. 그렇게 다다른 바닷가에서 올가는 아이스크림을 판다. 황홀한 석양을 바라보는 올가의 얼굴을 보여주며 책은 끝이 난다.

올가가 세상의 전부라고 믿어온 작은 키오스크가 뒤집히면서 예상치 못한 여행이 시작되었을 때, 그녀가 택한 방법은 몸에서 힘을 빼는 것이었다. 푸른 바다 위에 둥둥 떠 있는 올가의 평온한 얼굴에 마음이 오래 머물렀다. 어디로 흘러갈지 알 수도 없는데, 올가는 무진장 행복한 표정이다. 그런데 바다 위에서도, 석양이 보이는 해변에서도 올가는 여전히 키오스크와 한 몸이다. 키오스크를 벗어 던져버리면 더 홀가분하지 않았을까? 과거를 부정하고 싶은 내 마음이 반영된 생각이었다.

디자이너로서의 경력만 보면 이번 생은 그냥 망한 것만 같았다. 할 수만 있다면 중학교 때로 돌아가 리셋 버튼을 누르고 싶은 심정이었다. 이 책을 읽고 내가 해왔던 일의 쓸모에 대해 다시금 생각해 봤다. 정말 다 힘들기만 했었나? 열심히 했던 시간이 다 무의미했을까? 정말 그랬다면, 디자이너에서 기획자로 직무를 전환하는 일은 상상도 못 했을 것이다. 이렇게 책을 쓰는 일도 불가능에 가까웠을 것이다. 시각디자인을 공부하고, 출판사에서 책을 만들어 봤기 때문에 지금의 내가 있다. 올가가 꿈꾸던 바다에 가서도 키오스크에서 일하듯, 나도 우연찮게 꿈꾸던 형태의 회사에 들어가 출판 일을 하고 있다. 과거와 현재의 점들은 이어진다. 과거를 벗어나지 않더라도 자유롭게 그 속에서 걸어 다닐 수 있다.

인생이 뒤집히는 큰 위기 또한 삶의 일부다. 키오스크 통째로 넘어지는 상황에서 올가는 스스로 일어서서 걸을 수 있다는 것을 깨닫지 않았던가. 이 깨달음을 긍정적으로 받아들이고, 도망가지 않을 때 삶은 흐른다. 인생이 전복되는 큰 사건을 마주했다고 해서 너무 심각해질 필요는 없다. 오히려 나를 옭아매던 상황으로부터 해방될 기회일지도 모른다. 내가 살아온 과거와 꿈꾸는 미래가 무엇이든 너무 요란 떨지 않겠다. 자신의 전부였던 키오스크가 뒤집혔음에도 산뜻하게 산책을 나서기로 한 올가처럼.

올가는 겨우 일어나 흩어진 물건들을 주우려 애썼어요. 그러다 정신을 차려 보니, 키오스크를 들어 올려 움직일 수가 있지 뭐예요! 그래서 올가는 잠깐 산책을 하기로 했어요.

함께 읽으면 좋은 책

《슈퍼 토끼》 유설화
《두 갈래 길》 라울 니에토 구리디
《백만 번 산 고양이》 사노 요코

돈 때문에 불안하고 초조해질 때
《돈의 심리학》 모건 하우절

돈이 있으면, 즉 아직 사용하지 않은 자산이 있으면 독립성과 자율성이 조금씩 쌓인다. 언제 무엇을 할지 나에게 더 많은 결정권이 생긴다는 뜻이다.

나의 첫 직장은 주로 대학 교재나 학술 도서를 다루는 출판사로, 성남의 공장들 사이에 우뚝 서 있는 오피스텔 두 채를 각각 사무실과 창고로 쓰고 있었다. 조촐하게 놓인 총 네 개의 책상 중 두 자리는 비어 있었다. 얼마 전까지 근무하던 편집자가 출산으로 복귀를 장담할 수 없는 상태라고 했다. '그까이꺼'와 '치아뿌라'라는 표현을 입에 달고 사시는 터프한 사장님은 영업부터 포장 및 발송까지 직접 다 관리하느라 늘 분주했다. 몇 주 뒤 신입 교정자가 입사하기 전까지, 나의 동료는 총무 담당 직원 한 명뿐이었다. 그것이 내 사회생활의 시작이었다.

사수도 없이 실무에 바로 내던져진 나는 이제 갓 학교를 졸업한 풋내기에 불과했다. 다년간 출판업에 몸담아온 사장님은 소위 서류상 스펙과 실무 능력은 완전히 다른 문제임을 간파하고 있었다. 구구절절한 개념 설명을 요하는 나의 포트폴리오를 전혀 신뢰하지 않는 듯했다. 편집디자인에 특화된 작업물이 거의 없었으니 당연한 일이기는 했다. 의심스러운 눈으로 나를 보던 사장님은 책 한 권을 주면서 그대로 카피해 보라는 과제를 주셨다. 같잖은 자존심이 상한 것은 아주 잠시뿐, 편집 프로그램을 켜자마자 스스로가 아무것도 모르는 햇병아리라는 것을 바로 인정했다. 문서 크기와 여백을 어떤 기준으로 잡아야 하는지, 어떤 서체를 어떻게 써야 하는지 전혀 감이 없었다. 책을 읽을 때와 디자인할 때의 눈은 완전히 달라야 했다. '작은 곳이라고 우습게 봤다가는 큰코다치겠구나.' 정신이 바짝 들었다.

첫 출근 후 녹초가 되어 집에 돌아왔다. 그때 나는 대기업은 물론이고, 중견기업과 디자인 스튜디오 인턴직까지 줄줄이 다 떨어진 상황이었다. 부모님은 내 딸에게 그 정도 능력이 없다는 현실을 받아들이기 힘들어했다. 처음부터 출판사 취업을 마땅찮아했던 아빠는 내 연봉을 듣고 적잖이 충격을 받은 듯했다. "그 돈 받고 일하라고 이제까지 너한테 투자한 줄 알아?" "아니, 내가 무슨 주식 투자 종목이야?" 연봉이 다냐고 되받아치긴 했지만, 속은 말이 아니었다. 내 임금은 정말로 최저 수준이었기 때문이다. 아빠는 내가 공부가 풀리지 않아 좌절하고 있을 때마다 슈퍼맨처럼 나타나 문제를 설명해 주곤 했다. 이해력이 달린다는 타박이 섞여 있긴 했지만, 어쨌거나 분명한 형태의 도움이었다. 그래서 흡족하지는 않더라도, 결국은 내 선택을 지지해 줄 거라고 믿었다.

사실상 동기들에 비하면 내 취업은 실패나 다름없었다. 부모님을 실망하게 했다는 것이 속상했지만, 이런 마음을 솔직하게 표현할 자신은 없었다. 대신 받아들여야 할 현실에 대해 말했다. '그러니까 내가 미술에 재능 없다고 하지 않았냐. 나는 면접에도 젬병이다. 나는 내 주제가 어떤지 잘 안다. 이 회사가 날 불러준 거에 감사해야 한다. 다들 헛된 기대 그만들 하셔라.' 그러자 어릴 적부터 귀에 딱지가 앉도록 들어온 말이 돌아왔다. "너는 네 진짜 가치를 모르더라." 부모님의 기대와 현실의 괴리가 클수록 스스로가 더 초라하게 느껴졌다. 공부 좀 적당히 하라며 늘 나를 걱정했던 엄마의 태도도 미묘하게 달라져 갔다. 생활비 한 푼 안 내면 집안일이라도 도우라는 엄마의 말은 지당했다. 그렇지만 그 말이 '생활비를 낼 만큼 돈을 충분히 벌지 못한다'는 뜻으로 들리기도 했다. 그게 내 피해의식이든 아니든, 속이 성치 못했다. 돈은 내 자존감을 내리깎는 적과도 같았다.

부모님 집에 얹혀사는 한, 가족 중심으로 돌아가는 규칙에 순응해야 했다. 간섭과 의무에 항변해 봤자 이기적인 딸이 될 뿐이었다. 내 의지대로 자유롭게 살고 싶었지만, 수중에 돈이 충분치 않아서 버티고 버텼다. 그 사이에 좀 더 크고 다양한 일을 하는 두 번째 출판사로 이직을 했다. 그러다 5년 만에 결국 홧김에 월세방을 구해 집을 나왔다. 방은 비좁았지만, 눈치 보지 않고 내 시간과 공간을 꾸리며 행복감을 느꼈다. 오로지 나의 필요와 느낌에 집중할 수 있다는 점이 특히 좋았다. 충동적이기는 했지만, 독립을 실행에 옮길 수 있었던 것은 어느 정도 돈을 모아뒀기 때문이었다. 하지만 자취를 시작하면서부터 예전만큼 돈이 잘 모이지 않았다. 월세뿐만 아니라 집을 꾸미고, 밥을 해 먹는 데도 돈이 꽤 들어갔다.

  돈과 자유를 맞바꾸면서 생긴 갭을 메우려면 지출을 관리하고 적극적으로 재테크도 배워야 하건만 오히려 충동적인 소비만 더 늘었다. 그 흔한 경제서 한 권을 끝까지 읽을 수 없었다. 내가 아무리 돈 욕심이 별로 없다지만, 돈 없이도 행복할 수 있다고 믿는 이상주의자는 아니었다. '혹시 나의 소박한 경제관념이 가질 수 없는 것들을 일찍이 체념한 여우의 신포도 질은 아닐까? 혹은 진짜 가난을 겪어보지 않은 사회 초년생의 성급한 판단이면 어떡하지?' 불안했다. 뭐가 됐든 돈 많은 능력자들이 천지에 널린 자본주의 세계의 기준으로 보자면, 나는 실격이었다. 진짜 무소유로 살 것도 아니면서, 나는 왜 돈을 욕망조차 하지 못할까? 재테크 이전에 돈에 대한 신념을 짚어볼 필요를 느꼈다.

  한 지인이 소개해 준 '머니리추얼'이라는 프로젝트에 참여해 보기로 했다. 방식은 단순명료했다. '매일 밤 9시, 그날 내가 지출한 내역을 보고 어떤 감정, 생각, 신체적 반응이 있는지 관찰하여 일지를 작성하고 공유한다.' 프로젝트 리더는 죄책감, 후회, 혼란 등이 느껴지더라도 평가하지 말고 있는 그대로 수용하라고 당부했다. 한 달간의 미션이 끝나고 일지를 쭉 살펴봤다. 지출 항목이 아닌 생각과 감정이라는 카테고리로 내 소비 패턴을 분류해 봤더니 '필수 지출', '불필요한 강박적 소비', '심리적 보상을 위한 투자'라는 키워드가 나왔다. 나는 카테고리가 무엇이든 간에 대부분의 지출을 부정적으로 평가하고 있었다. '무작정 아껴야 한다'는 생각이 핵심이었다. 여기에는 돈에 대한 두려움과 스스로에 대한 인색함, 즉 낮은 자존감이 내포되어 있었다. 사는 데 아무 지장이 없는데도 돈 때문에 실체 없는 불안을 안고 사는 내가 어쩐지 안쓰러웠다. 돈은 없어서는 안 될 인생의 필수 요소다. 그렇다면 돈과 사이좋은 동반자가 되는 편이 나았다.

꼭 지출해야만 하는 항목이라면 지체하지 않고 신속하게 결정함으로써 시간과 에너지를 절약하기로 했다. 불필요한 지출은 줄이면 될 일이었다. 나에게는 늦은 밤에 느슨하게 풀어진 마음으로 충동구매를 하는 습관이 있었다. 밤 9시 이후에 소비를 자제하는 규칙을 지키는 것만으로도 강박적 쇼핑은 상당수 줄었다. 또한, 부정적인 감정 타래를 하나하나 풀어나가는 동시에, 일부러 나를 기분 좋게 하는 소비에 돈을 썼다. 돈을 나를 사랑하는 수단으로 활용하는 연습이었다. 오늘 쓴 지출 내역과 내면 상태를 정리하는 것뿐이었는데 삶의 태도와 철학, 지향하고 싶은 가치까지 새롭게 그려보게 되었다. '없으면 안 된다'에서 '있으면 좋다'로, '무조건 쓰면 안 된다'에서 '잘 쓰면 된다'로 돈에 관한 생각의 전환이 일어난 것이다.

그렇지만 퇴사를 염두에 두면서부터 다시금 돈에 대한 두려움에 사로잡혔다. 그때 나는 매몰 비용을 최소화하고자 선택한 회사에 다니고 있었다. 이제까지 디자인에 들인 시간과 비용을 내버리지 않으면서 적당히 저축하고, 충분한 자유 시간을 갖고, 길지 않은 통근 시간으로 사랑하는 사람들과 보내는 시간을 확보할 수 있는 최적의 회사라고 생각했다. 과거의 나는 그랬다. 하지만 5년 뒤의 나는 그 회사에서 정년까지 일하느니 굶어 죽는 게 낫다고 할 정도로 퇴사를 원하고 있었다. 모건 하우절은 《돈의 심리학》에 이렇게 썼다.

> 자신이 매우 낮은 소득에도 만족할 거라 가정하거나, 높은 소득을 위해 끝도 없는 긴 시간 노동을 택하는 것은 언젠가 후회할 확률이 높다. 왜냐하면 사람들은 대부분 상황에 적응하기 때문이다. 극단적인 계획이 주는 이점, 즉 거의 아무것도 가지지 않는 소박함이나 거의 모든 것을 가질 때의 기쁨은 사라지기 마련이다.

오랜만에 연락이 닿은 지인과의 통화 내용이 불현듯 떠올랐다. 퇴사를 고려 중이라는 내 말에 그녀는 깜짝 놀라며 물었다. "왜? 너 그 회사 엄청 마음에 들어 했잖아!" '맞아, 예전에는 그랬었지?' 충격이었다. 책에서 말하는 '매우 낮은 소득에도 스스로가 만족할 거라 가정'했던 사람이 바로 나였다. 이직 전에는 월급이 적더라도 급여가 계속 상승하는 호봉제가 이 회사의 큰 장점이라고 생각했다. 하지만 급여체계는 사측의 방침대로 한순간에 허울뿐인 연봉제로 바뀌어 버렸다. 일에 큰 욕심이 없으니 안정감만 보장되면 된다고 판단했던 것도 오산이었다. 무사안일주의가 팽배한 회사에서 일해 보니 나는 일에 대한 욕심이 상당한 인간이었다. 뭐든 적당히, 하던 대로 하자는 분위기가 가장 견디기 어려웠다. 거기에 건강 문제까지 겹치면서 마음의 지각 변동이 심하게 일었다. 그러자 쥐꼬리 같은 월급에 대한 불만이 극에 달했다.

> 우리가 '역사가 끝났다는 착각'이 존재함을 인정한다면, 아직 합법적으로 술을 마실 나이가 되기도 전에 선택한 직업을 사회보장 제도의 혜택을 받을 나이가 될 때까지 계속 좋아할 확률이 높지 않다는 사실을 깨달을 것이다. 이때 요령은 변화라는 현실을 받아들이고 최대한 빨리 다음으로 넘어가는 것이다.

미래의 후회를 최소화하기 위해 나는 코로나19로 고용 불안이 높아진 시점이었음에도 휴직이 아닌 자진 퇴사를 감행했다. 실체 없는 불안이 빠르게 자라났다. 돈을 안 벌면 마음이 편치는 않은데, 그렇다고 열심히 돈을 벌어야겠다는 의욕이 샘솟지는 않았다. 이런 모순으로부터 나를 건져낸 책 속 문장은 다음과 같다.

> 원하는 것을, 원할 때, 원하는 사람과, 원하는 만큼 오랫동안 할 수 있는 능력은 가치를 매길 수 없을 만큼 귀한 것이다. 이는 돈이 주는 가장 큰 배당금이다.

정말 내가 돈을 원하지 않을까? 그렇다면 왜 이토록 돈을 아껴가면서 두려움에 떠는 걸까? 그 원인은 내가 '어떻게' 살기를 원하는지 모른다는 데 있었다. 돈으로 무엇을 하고 싶은지, 무엇을 할 수 있는지가 잘 그려지지 않았다. 타인의 욕망을 곁눈질했으니 그럴 수밖에. 그렇다면 욕망의 개별성은 어디에서 찾을 수 있을까? 내가 오롯이 나로 존재했던 순간을 떠올려 봤다. 나는 자취방 창 너머로 탁 트인 하늘을 바라보기를 즐겼다. 따사로운 햇살이 피부를 찌르는 느낌이 좋았다. 들꽃, 나뭇가지, 솔방울, 도토리, 돌멩이 같은 자연물을 주워다 집에 들여놨다. 가구나 인테리어 소품도 대부분 초록색이거나 나무 소재였다.

나는 쾌적하고 안온한 나만의 집을 원했다. 복작거리는 곳에 있으면 실시간으로 기가 빨렸다. 도심 한복판에서 집안을 자연물로 어설프게 채워놓으니 진짜 시골에서 한적하게 살 수 있다면 얼마나 좋을까?

 엄마가 외할머니를 위해 마련해 놓았던 완주의 시골집이 떠올랐다. 할머니가 돌아가신 뒤 우리 가족과 친척들이 어쩌다 한 번씩 머물 때를 제외하고는 비어 있는 집이었다. 운 좋게도 다 쓰러져 가던 헌 집을 리모델링한 직후였다. 이참에 시골에 내려가서 내가 소망하는 삶을 그려보면 좋을 것 같았다. 그 집에서 지내면서 원하는 집을 향유하기 위해서는 돈이 있어야 한다는 사실을 자연스레 알게 되었다. 땅을 사고 집을 짓는 것부터 인테리어, 그 안에 들여놓을 살림살이, 조경과 텃밭까지 전부 다 돈이었다. 예산이 넉넉지 않다 보니 적당히 타협하거나 포기해야 하는 부분이 많았다. 돈이 충분했다면 만족도는 현저히 높아졌을 것이다. 가성비를 따지는 나도 집만큼은 욕심이 났다. 사랑하는 사람들과 맛있는 음식을 넉넉히 나눠 먹고, 아늑한 환경에서 휴식을 취하고, 때때로 일상을 환기해 줄 여행을 가기 위해서도 돈은 필수였다.

 동시에 내 것이 아닌 욕심에 매달려 돈을 좇지 말자는 결심도 굳혔다. 편히 쉴 수 있는 소담한 집, 좋아하는 사람과의 밥 한 끼, 드립 커피 한 잔, 좋은 책과 글감, 진심이 오가는 대화. 스스로에게 깊은 만족감을 주는 것이 무엇인지 알았다면, 나에게 걸맞은 재정계획을 짜면 된다. 그 단순한 진리를 알게 된 후, 지금은 전보다 훨씬 돈에 덜 휘둘리는 삶을 산다. 무엇을, 어떤 기준으로 결정할지가 명확해진 덕분이다. 어느새 세 번째 출판사에 몸담은 지금, 다달이 들어오는 월급은 여전히 작고 소중하다. 그럼에도, 타오르는 희망을 품고 출근한다. 오늘도 내가 원하는 일을 하고, 내가 행복해지는 소비를 하려고 노력하면서.

함께 읽으면 좋은 책

《돈이 알아서 내게 와 주면 좋겠어》 정재기
《돈》 보도 섀퍼
《백만장자 시크릿》 하브 에커

자기만의 방이 필요할 때

《친애하는 나의 집에게》 하재영

내 욕망의 많은 것들이 전부는 아니라도, 적어도 일부는 내가 살았던 곳에서 비롯되었다. 글을 쓰고 싶어 하는 욕구, 고정된 성 역할을 거부하는 마음, 자기만의 방과 나의 자리에 대한 애착처럼.

하재영 작가는 소설가의 꿈을 좇아 꽤 오랜 기간 골방에 틀어박혀 글을 썼다고 한다. 그녀는 가족들에게 경제적인 도움을 받으며 소설을 쓰다 결국 스스로 생계를 감당하는 글을 쓰기로 마음먹는다. 부지런히 일해서 얻게 된 집다운 집에서 쓴 책이《친애하는 나의 집에게》라는 에세이집이다. 이 책에서 '집'은 단순한 거주 공간이나 재테크 수단이 아니다. 그녀는 한 사람의 정체성과 인생을 유추해 내는 유의미한 척도로써의 집을 하나씩 소환해 나간다. 그 시작은 어릴 적 온 가족에게 쉼터가 되어주었던 집이다. 모두에게 휴식처였다지만, 매일 똑같은 가사 노동을 반복했던 엄마에게도 과연 같은 의미였을까?

> 집은 우리에게 같은 장소가 아니었다. 누군가에게 집이 쉼터이기 위해, 다른 누군가에게 집은 일터가 되었다. '집처럼 편하다'는 관용구대로 일과가 끝난 뒤 돌아가는 휴식의 공간을 집이라 한다면 엄마에게 집은 집이 아니었다.

하나의 집을 두고도 제각기 다른 기억을 불러일으킬 수 있다는 사실을 자각하게 된 순간, 또 다른 질문이 생긴다. "집은 나에게 무엇인가?" 그녀가 살았던 가장 좋은 집이었던 동시에 어린 시절 암흑기를 가져다주었던 대구의 신흥 부촌 '명문 빌라', 가세가 기운 후 스치듯 머물렀던 집들, 상경 후 작가 지망생이 되어 전전했던 아홉 개의 방과 신림동 7평 원룸에 이르기까지. 각각의 집에 얽힌 작가의 이야기를 따라가는 동안, 자연스레 내가 살아온 열 개의 집과 방들이 떠올랐다.

나는 분당의 대형 평수 아파트에서 물리적으로 안락한 유년 시절을 보냈다. 방 다섯 개에 화장실 두 개, 창고와 베란다까지 있던 신축 아파트는 오빠와 나의 놀이터나 다름없었다. 현관에서 안방까지 고속도로처럼 뻥 뚫린 복도에서 우리는 볼링을 치고 놀았다. 구석구석 숨을 데가 많은 우리 집은 숨바꼭질에 최적화된 곳이기도 했다. 크고, 안전하고, 친근한 집이었다. 밖에서 무슨 일이 있었든 집에 돌아가면 묘하게 안심이 됐다. 게다가 나는 침실과 공부방을 따로 쓰는 사치까지 누렸다. 그때 내 정체성은 '중산층 집에서 태어난 막내딸'이었다. 20대부터 뒤늦게 찾아온 질풍노도에 흔들리면서도 뿌리 뽑히지 않고 버텨온 건, 그 집이 나를 품어준 세월 덕분일 것이다.

굳건해 보였던 그 집도 시간이 흐르면서 차츰 노후화되었다. 가장 큰 문제는 누수였다. 어디선가 물이 새서 천장 벽지가 다 울고 여기저기 곰팡이가 생겼다. 어느 집 문제인지 찾는 데만도 한참이 걸렸다. 집에 물기가 서릴수록 엄마는 감정적으로 힘들어했다. 사이 좋던 이웃과도 마냥 웃으며 지낼 수 없게 되자, 정든 집에 대한 애착까지 사그라드는 모양이었다. 부모님은 이사를 결심했다. 다섯 살부터 스물세 살까지, 20여 년간 켜켜이 쌓인 날들을 뒤로하고, 우리 가족은 판교의 신도시로 둥지를 옮겼다. 같은 동네에서 두 번의 이사를 더 한 끝에, 엄마 마음에 쏙 드는 집을 발견했다. 조용하고, 쾌적했지만 어쩐지 나는 그 집에서 자주 갑갑함을 느꼈다. 방이 좁다거나 구조가 답답해서는 아니었다. 부모님의 그늘이 더 이상 쉼터로 느껴지지 않는 때가 온 것이었다. 욕구불만이 뜨겁게 용솟음치고 나서야 독립을 더 이상 미룰 수 없다는 것을 알았다. 살려고 집을 나왔다.

> 장소를 선택하는 것은 삶의 배경을 선택하는 일이다. 삶의 배경은 사회적으로든 개인적으로든 한 사람이 만들어지는 데 중요한 역할을 한다. (...) 그 정체성들이 모여 나의 취향과 불호와 사고방식을 형성했다.

독립은 내 삶의 배경을 내 손으로 만들겠다는 결심의 상징이었다. 6평 월세방과 17평 전셋집을 거치는 동안 나는 인테리어의 재미에 푹 빠지기도 했고, 내 손으로 음식을 해 먹고 열심히 집을 관리했다. 부모님의 간섭 없이 자유롭게 연애도 하고 여행도 다녔다. 집에 머무는 시간도 현저히 많아졌다. 이제야 '진짜 집'에 온 느낌이었다. 그때 결심했다. 앞으로도 내가 뿌리내릴 곳은 스스로 택하겠노라고, 척박한 땅일지라도 자유롭게 내 모양대로 자라날 공간을 찾겠노라고.

이 책에서 내가 가장 좋아하는 서사는 저자가 자신의 힘으로 독립된 공간을 만들어 나가는 중반부다. 서른두 살이 될 때까지 가족에게 의존하며 지내던 저자는 동생과 따로 살게 되면서 인생의 전환점을 맞이한다. 그녀는 집필 노동자가 되어 가리지 않고 글을 써서 마련한 보증금으로 새집을 얻는다. 그 집에서 셀프 인테리어, 여행, 유기견 임시보호, 주도적인 연애 등 지금껏 해본 적이 없던 일을 해 나간다. 특히, 가족과 남자에게 의존하지 않고 혼자여도 괜찮은 사람이 된 작가의 성장이 인상적이었다.

> 남자에게 그런 말을 해본 것은 처음이었다. 언제나 내가 좋아하는 사람이 나를 좋아할 때까지 기다렸다. 상대가 나를 좋아하지 않으면 다른 사람이 나타나기를 기다렸다. 관계에 소극적이던 내가 범준에게 먼저 고백할 수 있었던 이유는, 남자에게 의존적이었던 이전과 달리 혼자여도 괜찮은 사람이 되었기 때문이다. 혼자여도 괜찮았으므로 거절당해도 괜찮았다.

너무 공감되는 대목이었다. 내 사랑은 늘 누군가 먼저 다가와 줄 때 뜨뜻미지근하게 시작되곤 했는데, 독립을 기점으로 변화가 생겼다. 마음이 가는 상대에게 먼저 연락해 만나자고 하고, 호감을 숨기지 않았다. 아마 홀로 생활하는 경험이 나도 '혼자여도 괜찮다'는 자신감을 키워주었기 때문일 것이다. 하지만 2021년 가을, 퇴사와 동시에 달콤한 나의 자취 생활은 끝이 났다. 이후 울주와 경주의 변변찮은 방에서 룸메이트와 함께 지냈다. 내 인생에 다시 있을까 싶을 만큼 특별한 시간이었지만, 내 집에 대한 열망은 좀처럼 사그라지지 않았다. 그러니 다시 본가에 돌아온 지금, 이 주제에 대해 할 말이 얼마나 많겠는가.

2024년 봄, 나는 일과 관계 모두 실패했다는 실의에 빠져 있었다. 부모님의 품이 그리웠다. 따스한 온실에 널브러져 있고 싶었다. 약한 소리를 했다가 쓸데없이 엄마의 걱정을 살 정도로, 나는 엉망이었다. 다행히 몇 달 지나지 않아 취업을 했고, 매주 사람들과 함께하는 봉사도 시작하면서 내 삶은 서서히 활기를 되찾았다. 또 얼마간의 시간이 흘렀고, 새로운 연애를 시작했다. 일과 관계의 만족도가 높아질수록 또다시 집 밖을 떠도는 시간이 많아졌다. 거의 집에 붙어 있지를 않는 나를 보며 부모님은 복잡미묘한 심정인 듯했지만, 나는 이런 내 모습이 반가웠다. 1년 만에 홀로 서려는 힘과 의지를 회복했다는 증거니까.

오늘도 나는 매일 독립의 타이밍을 잰다. 부모님은 과년한 딸이 홀로 살기보다는 든든한 남자와 가정을 꾸려서 나가기를 바란다. 그 심정을 따라가다 보면 자꾸 조급해진다. 곤란한 흐름이다. 결혼이 탈출의 수단이 되어서는 안 될 테니까. 몇 발짝 뒤로 물러서서 내 몸과 마음이 어디로 향하는지를 지켜보고 있다. '나에게 집은 무엇인가?' 그리고 '이 집에 머무는 나는 누구인가?'와 같은 질문을 던지면서.

> 내가 자기만의 방을 소망할 때 나는 무엇을 소망하는가? 그것은 나 자신으로 인정받고 싶은 욕망, 나의 고유함으로 자신과 세계에 대해 이야기하고 싶은 욕망일 것이다.

나에게 집은 자신 있게 나로 존재할 수 있는 곳이자 무엇이든 주체적으로 스스로 실현할 수 있는 곳이다. 그리고 내가 있어야 할 곳이라는 느낌 그 자체다. 그것은 물리적인 공간일 수도 있고, 사랑하는 사람을 상징할 수도 있을 것이다. 내가 원했던 것은 혼자 지낼 물리적 공간이 아니라, 내가 편안하게 나로 있을 수 있는 심리적 공간이었다. 계약이 끝나면 떠나야 할지라도 부지런히 머물 장소를 선택하고 가꾸기를 거듭한 끝에 이 책을 집필한 작가의 마음을 상상해 본다. 지킬 것과 버릴 것을 잘 추려낸 끝에 누리게 된 집의 '안온함'이 곧 그녀의 단단한 정체성으로 확장되어 갔던 것처럼 나도 그 지난한 과정 중에 있다. '아등바등하지 않으면 아무것도 이루지 못할 것이다. 절박하게 애쓰지 않으면 나의 것이라 부를 수 있는 것은 하나도 없을 것이다'라는 문장을 곱씹으며, 오늘도 나의 자리를 찾기 위한 분투는 진행 중이다.

함께 읽으면 좋은 책

《19호실로 가다》도리스 레싱
《글 쓰는 여자의 공간》타니아 슐리
《낮의 집 밤의 집》올가 토카르추크

삶의 쓰레기를 비워야 할 때

《심플하게 산다》 도미니크 로로

심플한 삶은 '충분하다'라는 마법과 같은 단어로 요약된다. 충분하다는 것을 개인적으로 어떻게 정의하느냐에 따라 행복의 기준도 달라진다. 모든 욕구를 충족시키려고 하는 사람에게 결코 충분함이란 없기 때문이다.

홧김에 구한 첫 자취방은 6평이 채 안 되는 원룸이었다. 좁긴 해도 신축 빌라라 깨끗했고, 대로변 부근이라는 점이 마음에 들었다. 스무 살부터는 집이 몇 평이든 간에 거의 방에만 붙어 있었기 때문인지, 작은 평수라도 그리 불편할 것 같지도 않았다. 혼자 자유롭게 살 수 있다는 게 마냥 좋았다. 계약도 일사천리로 진행됐다. 집을 나가겠노라 선언한 지 며칠 만에 간단히 짐을 챙겨 이사를 했다. 풀옵션이라 웬만한 것은 다 갖춰져 있었지만, 짐을 풀고 나니 자질구레하게 필요한 물건들이 수두룩했다.

침대 매트리스부터 접이식 테이블, 커튼, 식기류, 청소용품, 인터넷 공유기 등을 하나하나 구비해 나갔다. 꼭 필요한 것들을 얼추 갖추고 났더니 예쁜 인테리어 소품들이 아른거렸다. 허전해 보이는 벽에 걸 만한 패브릭 소품도 탐났고, 마음에 들지 않는 주황색 서랍장을 가릴 수 있는 광목천도 갖고 싶었다. 예쁜 쿠션 커버와 담요, 마음을 차분히 다스려줄 디퓨저나 인센스도 지나치기 어려웠다. 협소한 옷장 옆 틈새 공간도 버리고 싶지 않았다. 작은 행거를 사서 두면 딱 맞을 듯했다. 폭이 딱 맞는 제품을 찾아 주문했다. 빈 행거가 새로운 옷도 좀 걸어달라고 나를 유혹해 댔다. 독립이란 무엇이던가. 택배만 보면 쓸데없는 물건 좀 그만 사라는 잔소리로부터의 해방이 아니던가. 나는 한

풀이라도 하듯 옷을 마구 사들였다.

  1년 반이 지나자, 한계가 왔다. 숨통을 트이게 해주었던 나만의 방이 도리어 내 숨구멍을 막고 있었다. 더 넓은 집이 절실했다. '투룸, 채광, 환기'라는 확고한 세 가지 기준을 가지고 다음 집을 구하기로 했다. 열심히 발품을 판 끝에 마음에 쏙 드는 곳을 찾아냈다. 17평 투룸이라 침실과 옷방을 따로 쓸 수 있고, 원룸에는 들일 수 없었던 가구도 내 취향대로 살 수 있을 터였다. 가슴이 설레었다. 냉큼 계약을 진행했다.

  이사 이틀 전부터 친구의 도움을 받아 룰루랄라 짐을 싸기 시작했다. 주방 물건부터 포장하는데, 언제 이렇게 살림살이가 늘어났나 싶어 살짝 당혹감이 들었다. 하지만 최종 보스는 옷이었다. 행거에는 외투들이 빈틈없이 꽉 들어차 있었다. 양손으로 다른 옷들을 힘껏 밀어내야지만 무슨 옷인지가 보일 정도였다. 꾸역꾸역 걸어놓은 옷 무더기가 탐욕스러워 보였다. 그 아래에도 옷들이 산처럼 쌓여 있었다. 끝도 없이 옷이 줄줄이 딸려 나왔다. 마지막 옷가지를 집어 든 순간, 맨 아래에 맥없이 깔린 한 권의 책이 보였다. 하필이면,《심플하게 산다》였다.

  단 한 페이지도 읽지 않은, 오래된 새 책이었다. 친구와 나는 책을 물끄러미 바라보다 한참을 자지러질 듯 웃었다. 친구 앞에서 민망함을 느낀 것도 잠시뿐이었다. '에이, 6평 안에 있던 물건이 많아 봤자지. 집이 세 배 가까이 넓어졌는데 뭐가 걱정이람.' 나는 또 물건을 사들였다. 원하는 것들을 고르고 골라 여기저기 배치하는 일은 더없이 즐거웠다. 그러다 어느 순간 적정선을 넘어버렸다. 가치 있는 물건보다 잡동사니가 더 많아지고, 여유 공간이 거의 없어지고 나서야 나는 비로소 '심플하게' 살 필요에 대해 생각하게 되었다. 그제야 책장에 꽂혀 있던 하얀색 책이 생각났다.

《심플하게 산다》의 저자 도미니크 로로는 주변 환경이 번잡하면 몸이 피곤하고, 몸이 피곤하면 마음을 돌볼 수 없고, 마음이 편하지 않으면 삶이 괴롭다고 말한다. 그는 단순하고 소박하게 살기 위한 청소법들을 살뜰히 책에 담았다. 단순한 실용적 의미를 넘어, 심플함을 삶의 본질에 접근하는 철학으로 풀어냈다는 점이 좋았다. 예를 들어, 다음과 같은 질문을 툭 던지는 식이다.

> 내 인생을 복잡하게 만드는 것은 무엇인가? 그것을 내 인생에 둘 만한 가치가 있는가? 나는 언제 가장 행복한가? 소유하는 것이 존재하는 것보다 중요한가? 나는 적은 것에

얼마나 만족할 수 있는가?

 또한, 그 자신도 더딘 변화의 시기를 거치고 나서야 심플한 삶에 이를 수 있었다며 그 변화를 '적게 소유하는 대신 더 유연하고 자유롭고 가볍고 우아하게 살고 싶다는 바람이 점점 커지는 것'이라고 정의했다. 그에게 이 정의는 단지 관념이 아니다. 실제로 살아가는 데 아주 약간의 물건만 있으면 된다는 것을 체화했기 때문이다. 잠시 책을 덮어 놓고 집안을 둘러봤다. 대충 훑어보는 게 아니라 낯선 곳을 하나하나 뜯어보듯이 살폈다.

 테이블 위에 놓인 나무 촛대와 초록색 양초부터 눈에 들어왔다. 아까워서 한 번도 켜지 못한, 장식용 소품이었다. 그 옆에는 룸스프레이와 디퓨저, 인센스 스틱, 그리고 화병에 꽂아둔 생화가 줄 세워져 있었다. 누가 보면 무슨 향에 대단한 조예라도 있는 줄 알겠지만, 디퓨저 말고는 거의 쓰지 않는 것들이었다. 여러 향을 다 써보고 싶은 마음에 한꺼번에 사둔 새 제품들도 서랍에 한가득이었다. 혼자 사는 집에 컵 코스터가 열 몇 개씩이나 있는 이유는 무엇일까. 필요하다고 치자. 그럼 써야 할 때 꺼내 쓰면 될 것을 왜 여기저기에 펼쳐놓았을까. 책꽂이 쪽은 더 가관이었다. 이사 선물로 받은 세 개의 화분은 식물의 모양뿐만 아니라 화분 디자인도 제각기 달라서 도저히 한데 섞이지를 못하고 있었다. 여섯 개의 화병 중 절반은 텅 비어 있었다. 한 귀퉁이에는 공원에서 주워 온 솔방울과 도토리, 나뭇가지, 그리고 한 번도 써보지 않은 수동 커피 그라인더가 머쓱하게 놓여 있었다.

그 자리에 있어야 할 만한 아이템은 사실 몇 개 되지 않았다. 하나씩 따로 보면 괜찮은데, 멀리서 보면 무질서하고 지저분했다. 예뻐 보이는 아이템을 일단 사고 어디에 둘지를 나중에 고민했던 게 화근이었다. 샀으니 아까워서라도 빈 곳에 배치하다가 이 사달이 나고 만 것이다. 어쩌면 나는 공간을 채움으로써 공간을 잃어가고 있는 걸지도 몰랐다. 어떻게 하면 좋을까.

> 나는 물건을 많이 치워 버릴수록 꼭 필요한 물건은 적어진다는 점을 차차 깨달았다. 사실 살아가는 데는 아주 약간의 물건만 있으면 된다.

무릎을 '탁' 쳤다. 일단 치우다 보면 깨달음이 오리라! 벌떡 일어나서 책장 위를 정리하기 시작했다. 눈 빠지게 인터넷 쇼핑을 했던 정성이 떠올라서 바로 버리지는 못하고 수납장에 넣어 두거나 위치를 바꿨다. 그러다 문득 자리를 차지하고 있는 물건을 보는 것 자체가 소모적이라는 생각이 들었다. 갈 곳 잃은 물건들의 자리를 굳이 찾아줘야만 하는 것일까? 사실 예쁜 인테리어 레퍼런스를 보고 따라 해보는 것도, 물건을 찾고 치우는 데도 시간과 에너지가 든다. 가슴에 손을 얹고 물었다. '이 많은 것들이 정말 다 필요해? 없으면 어떻게 되는데?' 당장 없어도 상관없을 물건들이 대부분이었다. 심지어 있는지도 몰랐던 것들도 꽤 됐다.

> 버리는 일에는 노력이 필요하다. 제일 힘든 것은 버리는 행동 자체가 아니라, 어떤 게 필요하고 어떤 게 불필요한지 판단하는 일이다. 필요는 없지만 버리기 힘든 물건도 있다. 하지만 그런 물건에 과감하게 이별을 고하고 나면 얼마나 홀가분한지 아는가!

우선, 밖에서 주워 온 솔방울이나 조개껍질, 돌멩이, 그리고 바짝 마른 꽃다발 같은 자연물은 명백하게 불필요했다. 자연에서 왔으니, 제자리로 돌려보내 주기로 했다. 그다음, 유통기한이 지난 화장품과 향수, 잘 나오지 않는 펜이나 반쯤 굳어버린 물감처럼 기능을 잃어버린 물건들을 추렸다. 이어 잘 입지 않는 옷을 정리했다. 살이 빠지면 입겠노라 다짐하며 처박아 두었던 청바지, 까끌까끌해서 손이 잘 가지 않는 스웨터, 질 나쁜 싸구려 옷들을 꺼내 의류 수거함에 넣어버렸다. 단번에 버리기 어려운 것들은 큰 건더기부터 체에 거르듯 여러 번 심의를 거쳤다. 아까운 마음이 들 때마다 '입었을 때 기분이 좋아지는 옷인가?'라는 기준을 떠올렸다. 마지막 관문은 각별한 의미가 있는 물건들이었다. 예를 들어 누군가에게 받은 선물이나 편지, 사진, 책에는 오랜 애착 같은 것이 눌어붙어 있었다.

> 흔히 물건에도 영혼이 있다고들 말한다. 그래서 추억이 깃든 물건을 버릴 수 없다는 것이다. 하지만 과거에 대한 집착 때문에 미래를 방해하거나 현재를 정체시켜야 할까?

간직하고 있었다고 해서 정말 그 의미가 특별할까? 생각보다 거들떠보지도 않는 것들이 수두룩했다. 단순히 나중에 없으면 아쉬울 것 같아서, 타인에게 사랑받았던 기억을 붙잡아두고 싶어서 버리지 못한 건 아니었을까. 물건에 영혼이 있다기보다는, 허기진 심장을 지난 추억이 깃든 물건으로 채우려 했던 것은 아닐까. 아무리 아름다운 기억이었다 한들, 현재에 안 좋은 영향을 미치는 것들은 처분해야 했다. 전에 사귀었던 사람들에게 받았던 편지와 선물들이 대표적이었다. '이게 다 뭐라고, 한꺼번에 다 불태워버리겠다!' 일종의 의식을 치르는 사람처럼, 바람을 타고 흩어지는 재를 한참 동안 바라봤다. 허무함과 홀가분함이 교차했다. 스스로 먼저 이별을 택했으면서도 깔끔히 떠나보내지 못했던 미련이 정리되는 순간이었다. 여전히 기억은 내 의지와 상관없이 불쑥 나를 찔러대곤 하지만, 물건을 따라다니던 죽은 시간으로부터는 해방되었다.

옛날에 그렸던 그림이나 친구들과 찍은 빛바랜 사진처럼 그냥 버리기 아까운 물건들은 카메라로 찍어두고 정리했다. 책의 경우, '다시 읽고 싶은 책'은 남겨두고 '딱 한 번이면 족한 책'은 팔거나 버리기로 했다. 아직 읽지 않은 책은 '시간을 내서라도 꼭 읽고 싶은 책'과 '시간이 남아돌아도 안 읽을 책'으로 분류했다. 애매한 책들도 나름의 기준을 가지고 정리했다. 그 과정에서 아쉬움도 있었지만, 시간이 흐른 지금은 안다. 결국 읽을 책이라면 어떻게든 다시 읽게 될 것이고, 당장 소유하지 않아도 아무 지장 없다는 사실을.

> 집착, 욕심, 결핍을 길들이자. 이 모두가 평화를 얻기 위해 필요한 것이다. 자기 자신을 내려놓는 연습도 필요하다. 그래야 다른 모든 것을 내려놓을 수 있다. 자신을 내려놓는 사람은 오히려 원하는 것을 갖게 된다. 꼭 필요하지 않은 것은 욕심내지 않기 때문이다.

인정하고 싶지는 않았지만 내가 사는 공간은 내 심리 상태와 상당히 닮아 있었다. 해소되지 않은 감정 찌꺼기와 욕망이 들끓을수록 쉴 수 있는 공간은 협소해졌다. 결핍과 불안이 소유욕을 일으켰다. 가질수록 복잡해지기 마련이다. 이 책을 읽고 따라 하면서 엄청난 양의 소유물을 떠나보냈지만, 아무런 문제도 일어나지 않았다. 빈 공간을 보면 뿌듯하다. 여백에는 산뜻한 아름다움이 있다.

삶의 본질과 핵심에 가닿고 싶다면, 《심플하게 산다》를 지침으로 삼을 만하다. 책을 통해 나의 환경, 몸, 마음을 점검해 나가다 보면 더 나은 내가 될 수 있다는 희망을 품게 될 것이다.

함께 읽으면 좋은 책

《월든》 헨리 데이빗 소로우
《작고 단순한 삶에 진심입니다》 류하윤, 최현우
《청소력》 마스다 미츠히로

내 몸을 사랑할 수 없을 때

《이제 몸을 챙깁니다》 문요한

다른 사람이 당신에게 해주기를 바라는 것을 스스로 하는 것이 바로 자기 돌봄입니다. 자기 돌봄은 마음을 위로하고 자신이 할 수 있는 것에 에너지를 집중할 수 있는 디딤돌이 되어줍니다.

어릴 적 나는 거울을 들여다보며 정성껏 머리 빗기를 즐겨 하는 아이였다. 아마 그 무렵에는 내 얼굴이 꽤 마음에 들었던 것 같다. 사춘기가 되면서 거울을 잘 보지 않게 되었다. 나와는 달리 하얀 피부와 여리여리한 뼈대를 가진 친구들이 부러웠다. 그들에 비하면 나는 얼마나 못났는가. 허벅지와 종아리, 발목까지 전부 통통한 지방형 하체 비만인 데다, 다리가 짧은 편이라 뭘 입어도 옷태가 좋지 않았다. 그래도 살은 빼면 된다고 치자. 어떤 모자를 써도 꽉 끼는 이 머리 크기는 어떻게 할 것인가. 오빠는 머리 크기는 성형도 안 된다며 나를 짓궂게 놀려댔다. 자기 머리가 더 큰데도 본인은 남자라서 괜찮다는 소리를 눈 하나 깜짝 안 하고 해댔다. 어째서 머리 크기에서까지 남녀는 차별받아야만 하는가. 억울하기도 했지만, 부정할 수가 없었다. 내 몸을 그 누구보다 탐탁지 않아 하는 건 바로 나였으므로.

우리 집 남자들은 '여자가 뚱뚱하고 못생기면 답이 없다'는 말을 노골적으로 해댔다. 자타 공인 '예쁘고 키도 크고 날씬한' 엄마는 외모 덕에 거저 받아온 호의와 특혜를 자랑스러워했다. 메시지는 별반 다르지 않았다. "여자는 외모가 중요해. 그러니까 관리 잘해야 돼." 그런 말들이 불편했지만, 외부 평가로부터 자유롭기란 쉽지 않았다. 개성껏 살고 싶다는 마음과 이대로는 충분치 않다는 강박이 엎치락뒤치락했다. 그게 어디 가족의 영향뿐이었을까. 각종 미디어와 광고 산업에서 주입하는 미의 기준에 휘둘리지 않고 사는 사람이 얼마나 될까. 할 수만 있다면, 나도 내 몸을 있는 그대로 사랑하고 싶다. 하지만 거울을 보면 어김없이 진한 다크서클부터 먼저 눈에 들어온다. 눈가와 목에는 겹겹이 진 주름이 또렷하다. 등은 구부정하고, 허리에는 살이 올록볼록하다. 피부 곳곳에 난 여드름과 요철들도 보인다. 군더더기 많고, 울퉁불퉁한 내 몸을 똑바로 보고 존중하는 일이 가능하기는 할까.

《이제 몸을 챙깁니다》는 몸의 심리학을 다룬 책이다. 정신과 의사인 저자는 몸의 소리를 무시하며 살다가, 몸의 이상을 느끼고 안식년을 갖는다. 이 책에는 몸과 마음을 통합하는 '바디풀니스'를 실천해 나가는 작가의 내밀한 체험이 담겨 있다. 작가는 명쾌하게 말한다. 굳이 내 몸을 사랑하거나 존경할 필요도 없으니 적어도 비난은 하지 말라고, 내 몸이 완벽하고 내세울 만하고 강하고 영원해서가 아니라 오히려 흠 많고, 보잘것없고, 아프고, 유한한 몸이기에 존중이 필요하다고. 또, 우리 모두가 몸을 돌봐야 하는 이유에 대해 그는 이렇게 썼다.

> 내 몸이야말로 내 평생의 동반자입니다. 그러므로 몸과의 관계는 내 인생 전체의 질을 좌우합니다. 혹시 여행할 때

같이 간 동행자가 마음에 들지 않아 여행을 망친 적이 있나요? 내가 싫은 사람과 하루를 같이 보내는 것도 힘든데 내가 싫은 대상과 평생을 함께 한다면 얼마나 끔찍할까요?

내가 내 몸을 싫어하는 한, 그 몸을 입고 사는 내 인생은 고달플 수밖에 없다. 몸을 혹사하는 다이어트를 수없이 반복했던 20대 때가 떠올랐다. 독하게 식단 관리를 하다가 좀 지나면 정신을 놓고 폭식과 폭음을 하는 식이었다. 왜 나의 다이어트는 늘 실패하고 마는 것일까. 정작 몸이 아프거나 불편할 때는 그 신호를 경시하게 되는 이유는 뭘까.

다이어트가 실패로 돌아가는 것은 기본적으로 우리가 몸을 함께 살아가야 할 동반자로 보지 않고, 단지 고쳐야 할 대상으로 보기 때문입니다. 자기 사랑이 아닌 자기혐오에 바탕을 두고 이루어진 다이어트는 실패할 수밖에 없습니다. 사랑과 존중 그리고 수용에 바탕을 둔 변화만이 자신과 조화를 이루고 지속될 수 있습니다.

몸챙김도 결국은 자기 사랑에 관한 이야기다. 몸챙김이 이루어지면 마음챙김이 이루어지고 마음챙김이 이루어지면 삶챙김이 이루어진다. 마음챙김에 관심을 두고 노력하게 된 후로도,

몸은 뒷전이었다. 몸과 마음을 이원화해서 봤기 때문이다. 마음을 잘 챙기는 사람이 어찌 내 몸을 부정하거나 방치할 수 있을까. 내 몸을 다르게 대해주고 싶었다. 하지만 혼자서는 엄두가 나지 않았다. 인터넷을 검색하다 알게 된 한 커뮤니티에서 50일간 진행하는 '몸챙김 프로젝트'에 참여해 보기로 했다.

몸챙김의 시작은 바디스캔이었다. 아침에 눈을 뜨자마자 편히 누운 상태에서 몸 구석구석을 훑듯이 의식의 초점을 옮긴다. 처음에는 아무 움직임이 없는 상태에서 몸을 느낀다는 게 익숙지 않았다. 그래도 몇 번 하다 보니 의식하지 못했던 감각이 느껴졌다. 눈두덩이가 뜨겁다거나 왼쪽 엄지발가락이 유난히 간지럽다거나 등이 꽉 막힌 듯 갑갑하다거나 하는 것들을 알아차릴 수 있었다. 바디스캔을 하고 나면 1점부터 10점까지 에너지 점수를 매겼다. 그날의 컨디션에 맞춰 내 몸을 잘 대해주기 위해서였다.

먹은 음식은 전부 글과 사진으로 기록했다. 식단 관리의 경우, 다양한 건강식에 관심을 두게 되었다는 점이 의외의 수확이었다. 내 몸을 벌주려는 의도가 아닌 이상, 기왕이면 맛있게 먹어야 하지 않겠는가. 식단을 고민하게 되면서 《내 몸이 최고의 의사다》나 《환자 혁명》과 같은 건강 도서들도 같이 읽었다. 그러면서 내 몸의 여러 애로사항이 나쁜 식습관에서 기인했음을 알게 되었다. 현미 채식이든 저탄고지든, 꼭 끊어야 할 항목들로 가공식품과 밀가루, 당을 꼽는 데에는 이견이 없었다. 이후로는 영양성분을 고려하면서 식단을 구성하고, 포화지방과 설탕만큼은 의식적으로 줄이려고 노력했다. 간헐적 단식을 다루는 《먹고 단식하고 먹어라》를 읽고 나서는 하루 16시간 공복 유지에 도전했다. 매 끼니가 무척 소중해지는 느낌이었다.

운동 루틴은 조금씩이라도 매일 하겠다는 목표를 가지고, 플랭크 1분, 스트레칭과 하체운동을 각각 10분이라도 해보기로 했다. 어떤 운동을 할지 미리 서너 가지 영상을 정해놓고 쭉 따라 했다. 아무리 피곤한 날이어도 20분 정도의 가벼운 운동이라 부담이 없었다. 일단 시작만 하면 최소 목표보다 훨씬 많이 할 수 있었다. 운동을 하면서 스트레스를 받지 않은 것은 처음이었다. 그리고 잠에 들기 전, 아침에 했던 것처럼 에너지를 점검했다. 그리고 내 몸 상태가 어떻게 느껴지는지, 어떤 점이 좋았고 아쉬웠는지 총 피드백을 했다.

50일 동안 빠지지 않고 최선을 다했지만, 아쉽게도 대단한 변화는 없었다. 그럼에도 최초로 '챙긴다'는 개념으로 내 몸을 대우했다는 데 큰 의미가 있었다. 그 후로도 꾸준히 몸을 잘 돌보며 살아왔다고 말할 수 있다면 참 좋았겠지만, 사람이 어디 그리 쉽게 변하던가. 관성과 나잇살만큼 무서운 게 없어서, 최근에는 인생 최고 몸무게도 찍고 말았다. 다시 직장인이 된 후로 달고 짠 과자들로 끼니를 때우고, 기름진 고기와 곁들여 먹는 소맥을 인생의 낙으로 삼았으니 당연한 결과다. 일주일에 겨우 한 번 하는 PT는 갈 때마다 '이 힘든 걸 왜 돈까지 주고 하나' 성질이 난다. 이를 어쩌나, 다시 원점으로 돌아온 걸까.

꼭 그렇지는 않다. 이렇게 오만가지 마음이 드는 와중에도 나를 탓하지는 않는다. 이토록 유한하고 부족한 몸이기에 나라도 더 존중해주자 하는 마음이 난다. 이 글을 쓰면서 몸을 챙길 때 느꼈던 뿌듯함과 활력이 생생하게 기억났다. 누가 뭐라 하든가 말든가, 가혹하게 몰아붙이는 다이어트는 지양하겠다. 다시 한번 느긋한 다이어트에 도전해 보겠다고 다짐했다. 고꾸라져도 나에게 너그럽게 다시 기회를 줄 것이다. 단 하나뿐인 고유한 몸을 타고난 우리 모두가 그럴 수 있었으면 좋겠다.

함께 읽으면 좋은 책

《몸이 나를 위로한다》 남희경
《내 몸이 불안을 말한다》 엘런 보라
《나는 왜 나를 함부로 대할까》 문요한

세상의 불공평함이 답답할 때

《당신을 이어 말한다》 이길보라

다른 몸에는 다른 언어가 필요하다. 기존의 언어는 '정상적인 몸'을 중심으로 만들어졌다, 기존 서사는 그 몸과 언어를 중심으로 쓰였다. 이 세상에는 기록되지 않은 몸의 이야기가, 그를 설명할 다른 언어가 남아 있다. 우리에게는 더 많은 몸의 서사와 그에 맞는 언어가 필요하다.

1990년생 여성, 고등학교 자퇴 후 여행길 위에서 배움을 얻은 로드스쿨러, 농인 부모에게서 태어난 자녀인 코다, 영화감독, 예술가이자 활동가인 아티비스트, 임신 중지 경험자, 작가. 《당신을 이어 말한다》를 쓴 이길보라의 정체성과 경험을 담는 키워드들이다. 동시대를 살아가는 30대 여성이라는 사실을 제외하면 그녀와 내 삶에는 엄청난 간극이 있다. 농인 부모 아래서 나고 자란 그녀와, 평편한 지반 위를 걸어온 나의 사유 방식이 같을 리 없다. 특히, 권리 차원에서 보면 더더욱 그랬다. 나로서는 질문할 필요를 못 느낄 정도로 당연한 일들이 누군가에게는 쟁취해야만 하는 것임을 모르고 살았다는 게 부끄러웠다. 세상의 기존 언어에 익숙한 사람들에게 가려진 세계의 언어를 상상하도록 이끄는 것, 그것이 그녀가 쓴 글이 지니는 힘이었다.

> 영화관 매표소 앞에서 복지카드를 내밀며 내가 진짜 장애인인지 아닌지 감별당하고 평가당하는 절차를 거친 후에 '혜택'을 받는 것과 정부로부터 장애 수당을 받아 직접 표를 사서 영화를 보는 것은 장애 당사자의 사회적 위치를 다르게 설정한다.

　장애인에게 주어지는 '혜택'은 당사자로 하여금 '착한 장애인'이 되기를 요구한다. 서비스의 질이 낮아도 불평할 수 없고 그저 제공받는 혜택들에 감사해야 하는 상황에 처하기 때문이다. 그러므로 작가는 수어 통역이 없어 기본권을 침해당하거나 차별당하지 않으려면, 혹은 통역의 질이 낮을 때 문제를 제기할 수 있으려면 '혜택'이 아닌 '권리'가 필요하다고 말한다.

텔레비전 화면 구석에 조그맣게 뜨는 수어 통역 장면을 떠올려봤다. 수어를 모르는 나는 그것이 얼마나 정확한지, 농인들에게 그 뜻이 잘 전달될 만큼 화면의 크기가 적절한지 가늠할 수 없었다. 재미있는 드라마나 예능 프로그램을 듣지 못하는 사람들의 처지가 안타깝다고 생각했을 뿐, 그들이 보장받아야 했을 권리의 범위를 넓게 펼쳐 보는 데까지 나아가지 못했다. 만약 저 작은 화면을 통해 세상 소식을 전달받는 사람들이 내 가족이나 친구였다면, 나 역시 그들을 위한 기본권을 보장해달라고 소리 높여 외치지 않았을까. 직접 겪지 않으면, 촉각을 곤두세우지 않으면 대부분의 인간은 타인의 고통과 소외에 무감각해진다. 그래서 나는 누구나 세상의 중심이 될 수 있는 사회를 만들어 나가야 한다고 말하는 이 책이 좋았다. 내 경험에만 매몰되었던 시야가 확장되면서 다른 선택과 행동을 할 수 있는 가능성이 열렸으니까.

이 책이 나에게 남다른 의미로 다가왔던 건, 몇 해 전 겪은 개인적인 변화 때문이기도 했다. 2017년 겨울, 왼쪽 무릎에 희귀성 질환이 있다는 것을 알게 되었다. 관절 부위에 생긴 종양을 제거하는 수술을 앞두고도 좀처럼 실감이 나지 않았다. 수술부터 회복까지 시간이 더디게 갔다. 몇 달간 누군가의 도움 없이는 움직이기조차 어려운 시간을 보내면서, 처음으로 걷지 못하는 삶을 그려봤다. 상상만으로도 눈물이 났다. 그토록 좋아하는 여행은커녕 할 수 있는 일도 대폭 줄 것이다. 임신뿐만 아니라 결혼에도 영향이 있지 않을까? 무엇보다 가족과 주변 사람에게 짐이 된다는 생각에 이르자 마음이 잔뜩 쪼그라들었다.

한 번 칼을 댄 무릎은 예전으로 돌아오지 않았다. 날이 춥거나 비가 오면 관절에 나무토막이 꽂혀 있는 듯 기분 나쁜 통증이 찾아왔다. 속 모르는 사람들은 벌써 할머니 다 됐다고 농을 쳤다. 그런 말을 가벼이 넘길 수 있다고 해서, 아예 아무렇지 않은 것은 아니었다. 3년 만에 병이 재발했기 때문이다. 수술도 하고 싶다고 바로 할 수 있는 것이 아니었다. 앞으로 평생 많아야 한두 번의 기회밖에 없다고 했다. 종양이 위험한 부위로 퍼지지 않기를, 너무 빨리 자라지 않기를 빌면서 매년 추적 검사를 받는 수밖에 없었다. 쭉 안고 가야 할 병이라는 현실을 받아들인 후부터, 다리가 불편한 사람들이 마주할 일상의 제약이 보였다. 엘리베이터와 경사로가 없는 건물을 보면 심난해졌다. '어휴, 다리 아픈 사람들은 이런 데 오지도 못하겠네.' 어디 다리 한쪽만 문제일까. 신체적인 불편함 때문에 다수가 누리는 삶에서 유리된 채 살아가는 사람들이 얼마나 많을까. 그런데, 이런 불편함은 그저 감수해야만 하는 것일까? 애꿎은 운명을 탓하면서?

저상버스를 탈 때마다 떠오르는 기억이 있다. 2010년, 캘리포니아에서 어학원을 다니던 때였다. 여느 날과 같이 학원에 가려고 버스에 탔는데, 한 정류장에서 정차하더니 한참을 움직이지 않았다. 한국에서도 기사님이 화장실을 들르거나 다른 운전자와 시비가 붙는 등의 이유로 잠시 운행을 멈추는 경우가 있었기 때문에 별생각 없이 기다렸다. 한참 창밖을 보고 앉아 있는데, 너무 늦어지는 게 아무래도 이상했다. 그제야 앞쪽을 봤더니 휠체어에 탄 사람이 운전사의 도움을 받으며 탑승을 준비하고 있었다. 그녀가 안전히 자리를 잡는 동안, 나도 모르게 운전사와 승객들의 눈치를 살폈다. 일상이라는 듯 아무렇지도 않은 얼굴들이었다. 평온했다. 다수가 소수를 기다리는 것이 자연스러운 사회는 어떻게 하면 가능할까?

한국 버스에서는 사지 멀쩡한 젊은 사람들도 조금만 방심하면 다치기 십상이었다. 우리나라의 버스 운행 매너도 많이 변하긴 했지만, 지금까지도 저상버스를 이용하는 장애인은 단 한 번도 본 적이 없다. 일상에서 장애인을 잘 볼 수 없는 이유는 정말 그들이 소수이기 때문일까. 아니면 우리 사회가 소수에게 불친절하기 때문일까.

  '나'와 '너'가 공존하기 위해서는 타인을 상상해 내려는 노력이 필요하다. '나'에서 '너'가 되어보아야 한다. '나'는 '너'가 결코 될 수 없다. 그러나 되어보려는 시도와 노력은 얼마든지 할 수 있다.

타인을 향한 나의 상상력은 빈약하고 편협하다. 타인의 입장에 서보는 시도는 자연스럽게 되지 않는다. 낯설고 어색한 생각을 굳이 떠올려야 한다. 언제든 소수가 될 가능성에 대해서, 의도치 않게 타인의 권리와 존엄을 경시하게 될 가능성에 대해서 생각해 내야 한다. 건강한 공존으로 나아가기 위해서는, 당장 와닿지 않더라도 소수의 목소리를 생생하게 전달하는 콘텐츠를 접해야 한다. 이런 노력에 감성이 전혀 묻어 있지 않다면 거짓이겠지만, 그렇다고 공존의 문제를 두고 감정적으로 호소하는 방향에는 회의적이다. 무작정 동의하느니 왜 그런 시도를 해야 하는지부터 냉정하게 질문해 보는 편이 낫다.

  질문을 던지지 않는 것보다 질문을 던지는 일, 보다 나은 질문을 고민하고 정확한 질문이 필요하다. 어떤 것이 더 나은 삶의 가치인지, 우위에 서는 어떤 절대적 가치라는 것이 존재할 수 있는지 물어야 한다.

나 살기도 바쁜데 뭣 하러 타인이 되는 상상을 할까? 혐오와 몰이해는 어느 시대에나 존재했다. 동시에 공존과 협력의 길도 있었다. 그 와중에 나는 무엇에 동참하고 무엇을 끊어버릴 것인가. 무엇을 위해 목소리를 내고, 무엇 때문에 침묵을 택할 것인가. 어떤 길을 가든 자기 인식과 의지가 있어야 나아갈 수 있다. 아무렇게나 막살고 싶은 게 아니라면, 각자의 동기는 스스로 만들어 나가는 수밖에 없다. 그리고 이는 내가 어떤 사람인지 보여주는 일이기도 해서, 결국 이 모든 것은 내가 '어떤 사람이 되고 싶은가'에 관한 이야기일지도 모른다.

나는 내가 선을 추구하는 사람이라고 생각했지만, '착하다'는 단어로 나를 설명할 수는 없었다. 선을 넘나드는 사람의 마음을 이해하기보다는, 바로 상대를 찌르곤 했으므로. 실은 넘어서는 안 될 '선'을 지키는 데 온 힘을 다했다는 게 적확할 것이다. 나는 누군가를 돕는 일보다는 최대한 피해를 주지 않는 데 사활을 걸었다. 온정과 동정심보다는 상식과 도덕이 나를 움직인다는 사실이 싫을 때도 있었다. 엄격하고 융통성 없는 사감보다는 사랑과 자비를 베푸는 성인 쪽이 더 멋지게 느껴졌으니까.

그런데 '선'이란 무엇일까? 무지를 벗지 못한 채 선한 의도만 앞세우는 사람들을 목격할 때마다 등골이 서늘해졌다. 공존이 과연 이타심만으로 가능한 일일까? 일단, '착한' 선택에는 넓은 시야와 행동력이 전제된다. 동기가 선하다고 모든 게 해결되는 건 아니다. 나부터가 그랬다. 모든 일이 무조건 바르게 흘러가기를 소망하던 어린 시절에도, 조금만 방심하면 무심코 누군가에게 폭력이 되는 일을 저지르고 말았다. 손쉽게 합리화하고, 얼른 무관심에 빠지기 일쑤였다. 많은 폭력과 악이 무지와 교만에서 비롯된다. 그러니 내가 다 알지 못한다는 주제 파악부터 해야 한다. 애초에 다른 생명을 먹어야만 생존이 가능한 인간에게 폭력성은 안고 가야 할 숙명과도 같다. 그러면서도 우리는 서로에게 기대어 산다. 그러니 타인과 공생하려면 누구든지 감응력을 키우는 훈련을 해야 한다. 내가 아는 가장 효과적인 방법은 깊이 읽고 쓰는 일이다.

홀로 글을 쓰는 건 세상을 천천히 바꾸겠지만 더 많은 이들이 글을 쓴다면 세상을 조금 더 빨리 바꿀 수 있을지도 모른다. 아니, 세상을 다채롭게 한다면 그로도 충분하다.

쓰기가 세상을 바꾼다는 말에 동의한다. 이 글을 쓰며 나는 타인의 고통에 무뎌지지 않도록 자신을 방치하지 않겠다고 다짐했다. 불공평함을 안고 살아가는 이들의 원에 내 목소리를 보태고 싶다고도 생각하게 됐다. 이렇듯 바뀐 나들이 모여 서로를 이어 말하게 되는 날들을 기대하며, 계속 읽고 써나가겠다.

없던 길을 만드는 사람들, 아무것도 없는 허공에 무언가를 선언하는 사람들, 발화되지 않은 것을 발화하는 일, 선언하는 행위로서 말해지지 않은 것을 실재하게 하는 일. 누군가는 허공에 대고 외치는 것이라 폄하하겠지만 우리는 안다. 말을 하기 전과 하고 난 후는 분명히 다르다는 걸. 선언하고 호명하면 누군가가 말한다는 걸.

함께 읽으면 좋은 책
《다가오는 말들》 은유
《냉정한 이타주의자》 윌리엄 맥어스킬
《정의란 무엇인가》 마이클 샌델

상처받은 사람을 위로해야 할 때

《당신이 옳다》 정혜신

내가 잘못되지 않았다는 확인이 있어야 사람은 그 다음 발길을 어디로 옮길지 생각할 수 있다. 자기에 대해 안심해야 그 다음에 대해 합리적으로 사고할 수 있다. 네가 그럴 때는 분명 그럴 만한 이유가 있을 것이라는 말은 '너는 항상 옳다'는 말의 본뜻이다. 그것은 확실한 '내 편 인증'이다.

사주팔자에 역마살이 있다는 게 사실인지, 성인이 된 후로 나는 어딘가로 떠나고 싶어서 안달 난 사람처럼 굴었다. 현실에 충실히 살면서도, 어느 날 갑자기 훌쩍 떠나고 싶다는 충동을 가슴에 품고 살았다. 〈안경〉이나 〈바그다드 카페〉, 〈미스 리틀 선샤인〉처럼 주인공들이 낯선 곳에 가게 되면서 이야기가 펼쳐지는 영화를 좋아하는 것도 같은 이유였다. 그런 서사를 보고 있노라면 익숙한 곳을 떠나 미지의 상황에 나를 내던지고 싶은 마음이 불쑥 올라왔다. 각자의 사연을 안고 여행길에 오른 인물들은 그곳에서 꼭 누군가를 만나거나 예상치 못한 사건들을 마주했다. 현실의 나와 크게 다르지 않은 허점투성이 주인공들의 좌충우돌 여행기를 볼 때마다 나는 실컷 웃다, 끝내는 우는 마음이 되었다. 나도 어디론가 훌쩍 떠난다면, 잃어버린 퍼즐 조각을 찾을 수 있지 않을까?

나의 이 오랜 소망은 서른 중반이 되어서야 구체화되었다. 퇴사 직후에는 얼른 전직을 해야 한다는 조급함 때문에 차마 어디론가 떠날 생각을 하지 못했다. 아쉬운 대로 짧은 여행만 몇 번 다녀온 뒤부터는, 평생 관심이라고는 전혀 없었던 자기계발서를 탐독하며 부지런히 지냈다. 각양각색의 분야에서 성공한 사람들의 문장들은 정말이지 훌륭하고 멋졌다. 하지만 책을 읽으면 읽을수록 조바심이 눈덩이처럼 불어났다. 꼭두새벽에 일어나 미라클 모닝을 하고, 매일 할 일을 하나하나 적고 성실히 실행하는데도 에너지가 바닥을 쳤다. 문득 내가 불안해서 이러고 있다는 걸 깨달았다. 다 헛발질이었다. 나의 고민은 책상 앞에 앉아서 열심히만 한다고 해결될 것이 아니었다. 언젠가 한 번은 안전지대를 벗어나야 했다. 더 미룰 이유가 없었다.

집을 훌쩍 떠나 도달한 울주에서 내 인생에 큰 영향을 준 한 인연을 만났다. 시골언니 프로젝트에서 알게 된 그녀는 유쾌하고 통통 튀는 성격으로 나보다 열 살이나 어렸고, 타고난 기질부터 살아온 환경, 소소한 취향까지 판이했다. 하지만 우리 사이에는 그런 차이쯤은 거뜬히 뛰어넘는 유의미한 공통점이 하나 있었다. 바로 현생에 불만족한 세월이 상당히 오래됐다는 점이었다. 둘 다 현실을 벗어날 수 있는 새로운 돌파구를 열망하고 있었다. 나는 내 무모한 도전을 지지해 줄 버팀목이 필요했고, 그녀는 함께 있어 줄 가까운 친구를 원했다. 그래서 우리는 용감하게 동거를 결정했다. 깊은 산골에서 갑자기 단둘이 살게 되었으니, 대부분의 시간과 공간을 공유하는 일은 필연적이었다. 그래서였을까. 서로의 견고한 경계선이 와르르 무너지는 계기는 생각보다 훨씬 더 빨리 찾아왔다.

끊이지 않고 대화가 조잘조잘 이어진 하루였다. 평소처럼 실없이 웃으며 시작한 이야기는 어느새 그녀에게 트라우마가 되어버린 과거의 날들로 흘러갔다. 상처가 깊었다. 믿었던 사람에게 찔린 곳이 아물기도 전에 또 다른 이들이 그녀의 존재를 난도질하는 일이 반복됐다고 했다. 친구와 연인, 그리고 가족도 예외는 아니었다. 공권력과 교사도 그녀에게는 믿을 만한 대상이 못 되었다. 어떻게 그 어린애를 사지에 몰아넣고 그 누구도 한편이 되어주지 않았는지 이해할 수가 없어서 화가 났다. 정작 그녀의 목소리는 차분하기만 했다. 마치 남 이야기하듯 덤덤해 보이는 모습이 더 안타까웠다.

그녀의 말을 끝까지 들은 나는 옆으로 다가가 그녀를 꽉 끌어안았다. 지금이라도 만나게 되어 다행이라고, 살아 있어 줘서 고맙다고 말했다. 눈물이 줄줄 흘러나왔다. 가만히 안겨 있던 그녀의 몸에서 날것 그대로의 울음이 터져 나왔다. 우리는 한참을 부둥켜안고 통곡했다. 바로 그날, 나는 그녀의 안전기지가 되겠노라고 결심했다. 그녀는 자신의 약한 모습을 다 드러냈는데도 외면당하지 않는 상황이 낯설다고 말했다. 그러면서 내가 자신의 존재를 버거워할까 봐 불안해했다. 무조건적 공감과 지지를 받아본 적이 없는 데서 오는 두려움과 의심이었다.

혹시 이 친구를 살리라고 신이 나를 이 낯선 지역에 보낸 건 아닐까? 오만이나 감상에 젖은 말일 수는 있어도 진심이었다. '영혼의 단짝'이 되자는 약속대로 우리는 점점 친밀해졌다. 마치 이제 막 사랑에 빠져 서로를 알아가는 연인들처럼 따뜻한 말과 눈빛을 주고받고, 어린애들처럼 즐거운 일들을 잔뜩 했다. 살면서 불편함도 있었지만, 웬만하면 참고 넘겼다. 못나고 모난 마음은 최대한 숨겼다. 그녀에게 엄마 같은 존재가 되어주고 싶었다. 지금 와 생각해 보면 보통의 그릇도 되지 못하는 내가 어떻게 그런 꿈을 꿨는지 모르겠다. 내 마음도 온전치 못했는데, 어찌 내가 그녀를 다 이해하고 공감할 수 있었을까. 특히, 제삼자가 개입되어 예상치 못한 역동이 일어나는 경우가 문제였다.

그녀의 상처를 알게 된 사람들의 반응은 다 달랐다. 처음에는 안쓰러움을 느끼지만, 상처로 인해 돋아난 가시가 밖으로 향할 때면 제각기 건드려진 심기를 숨기지 못했다. 그녀의 존재를 총체적으로 바라보기보다는 불편한 점을 성급히 지적하거나 문제를 극복해야 한다고 다그쳤다. 혹은 아예 모른 척했다. 어쩌면 그녀가 평생 우려해 온 대로, 그것이 보통의 반응이었을지도 모른다. 나 또한 그랬다. 누군가 그녀의 감정과 욕구를 함부로 대하는 상황에서도 그녀를 돕지 못했다. 가뜩이나 상처 많은 이이한테 그러지 마시라고 한마디 할 법도 했건만 희한하게도 그런 상황에서는 입이 잘 떨어지지 않았다. 그녀는 팽팽한 긴장감 속에서 공감은커녕 비난만 당하다 결국 자리를 박차고 나갔다. 나는 그곳에 남아 양쪽 입장을 고루 살피느라 진을 뺐다. 그녀는 믿었던 나조차도 제 편이 되어주지 않았다는 데 더 큰 충격을 받은 듯했다. 한참을 미안하다고, 진심으로 사과를 하고 또 했다. 그리고 다음 날, 오랜만에 《당신이 옳다》를 펼쳐 들었다. 공감에 실패할 때마다 바이블처럼 찾게 되는 책이었다. 나는 또 무엇에 걸려 넘어지고 말았나.

> 감정적 반응 그 자체가 공감은 아니다. 한 존재가 또 다른 존재가 처한 상황과 상처에 대해 알고 이해하는 과정을 거치면서 그 존재 자체에 대해 갖게 되는 통합적 정서와 사려 깊은 이해의 어울림이 공감이다. 그러므로 공감은 타고난 감각이나 능력이 아니다. 학습이 필요한 일이다.

그렇다. 어디 척 보고 눈물을 주르륵 흘리는 것이 공감의 본질이겠는가. 자세히 알아야 이해할 수 있고, 이해할 수 있어야 공감할 수 있다. 그런데 과연 내가 정말 상대방에 대해서 충분히 알고 있을까? 그녀의 속내를 들으며 한두 번 가슴 아파봤다고 해서, 내가 진짜 그 심정을 다 알까? 그날 나는 아무 말 없이 앉아 있기를 택하지 않았던가. 이런 상황이 참 불편하다는 생각 따위를 하면서 말이다. 당시 내 안에서는 상처받은 그녀를 무조건 보듬어주고 싶다는 마음과 무작정 편을 들어주는 것은 옳지 않다는 생각이 팽팽히 맞서고 있었다.

'나라면 어떻게 했을까'라는 생각이 공감을 가로막았다. 그녀의 상황과 상처를 이해하기보다는 내 기준에 따라 속단해 버렸다. 타인을 공감하기 위해서는 자기 자신부터 통합적으로 볼 수 있어야 했다. 나는 감정을 억압하고 감추는 데 익숙했다. 나로 인해 평화가 깨지는 것도 싫었고, 감정적이라는 평가를 받는 것은 더더욱 싫었다. 그래서 많은 감정을 회피하며 살았다. 상대방이 무례하고 무신경해도 꾹 참는 것이 어른이 되어가는 일이라 여겼다. 실제로도 부정적인 감정을 드러내지 않으면 공격받거나 싸울 일이 거의 없었다. 오해로 인해 억울할 일도 없었다. 그렇지만 이렇게 감정을 배제하며 살아도 괜찮은 걸까?

> 한 사람이 제대로 살기 위해 반드시 있어야 할 스펙이 감정이다. 감정은 존재의 핵심이다. 감정이 소거된 존재는 나가 아니다.

감정은 존재의 핵심이라는 사실을 또 잊어버리고 말았다. 그날 자리를 박차고 방에 들어가는 그녀의 모습은 감정에 솔직했던 어린 날의 나와 너무도 닮아 있었다. 세상에 내 감정을 알아주는 사람이 아무도 없다는 그 느낌이 나를 지독한 고립감에 빠뜨렸다. 부정적인 감정에 하염없이 쓸려 다니던 어린 내가 떠올랐다. 지금의 나라면 스스로에게 네 감정이 틀리지 않았다고, 충분히 그렇게 느낄 수 있다고 되뇔 것이다. 그때의 나에게 절실했던 것은 내 감정에 공감해 주는 단 한 사람이었으니까.

많은 아이들이 '네 감정은 옳지 못하다'라는 메시지를 들으며 자라난다. 아이의 감정을 있는 그대로 인정해 주면 나약해질까 봐, 계속 어린애처럼 굴까 봐, 세상 풍파에 쉽게 무너질까 봐, 다른 데 가서 욕먹을까 봐 잘잘못을 따지고 쳐낸다. 그런 '어른스러운' 걱정 역시 어린아이의 눈높이를 간과한 데서 생겨난다. 아이와 어른은 '그럴 만한 일'에 대한 판단 기준이 다를 수밖에 없으니까. 공감받지 못하면 솔직한 감정은 갈 곳을 잃는다. 그러다 보면 자기를 보호해야 하는 상황에서도 속수무책이 되기 쉽다. 그렇게 나는 어느새 '그래도 괜찮은 사람'이 되어간다. 말하지 않으면 자신을 지킬 수 있는 여지조차 사라지고 만다.

그런 시각에서 본다면, 그날 그녀가 한 행동은 자기 보호의 일환이었다. 무엇이 그녀를 불편하게 만드는지 모두가 알 수 있도록 정확히 말했고, 그러니 조심해 달라고 똑똑히 요청했다. 하지만 그 자리에 있는 사람들은 그 감정과 요구가 타당하지 않다고 생각했다. 너무 어린아이 같다는 거였다. 물론 아이와 어른에게 기대되는 바는 당연히 다르다. 그런데, 언제부터가 어른일까? 스무 살만 넘으면 다 어른인가? 돈을 벌어 제 몫을 하게 되면 어른일까? 아이를 낳고 기르면 다 어른이 되나?

자라나야 어른인 것이다. 내 감정과 욕구, 결핍을 인지하고, 인생을 자발적으로 선택해 나갈 수 있을 때라야 어른이다. 타인의 마음을 헤아릴 수 있는 여유가 조금이라도 생겨야 어른이다. 세상이 안전하다고 느끼지 못하거나 나의 존재가 괜찮다는 감각이 없다면, 누구든 어른이 되기 어렵다. 그런 사람들은 낮은 자기 확신과 존재감을 타인으로부터 채우려 한다. 그런데 타인과 세상을 불신하며 방어벽을 세우는 사람이 어떻게 진짜 내 편을 만들 수 있을까? 자신의 존재와 삶의 판단 근거를 외부에서 찾는 이상, 같은 악순환을 반복하며 성장을 멈춘다.

> '자기'를 드러내면, 그러니까 내 감정, 내 말, 내 생각을 드러내면 바로 싹이 잘리거나 내내 그림자 취급만 당하고 사는 삶은 배터리가 3퍼센트 남은 방전 직전의 휴대전화와 비슷하다.

그러니 그녀는 아직 어른이 아니었다. 발랄하고 자신감 넘치는 가면 뒤에는 끊임없이 경계하며 날을 세우는 아이가 있었다. 그녀는 정말로, 배터리가 3퍼센트밖에 남지 않은 휴대전화처럼 아슬아슬한 상태였다. 공감대가 쌓일수록 우리 사이는 돈독해졌지만, 그녀는 소중한 사람에게 버림받을까 봐 두려워했다. 나는 몇 번이고 그녀를 안심시켜야 했다. 나도 모르게 상처에 소금을 뿌려버린 날은 꼭 얼굴을 마주하고 진심으로 사과했다. 결코 쉬운 일은 아니었다. 그럴 때마다 마음을 다잡기 위해 찾아본 문장이 있었다.

> 영영 주목받지 못할 존재에게 살아보라는 말은 산소 없는 곳에서 숨 쉬고 살라는 말과 다르지 않다. 생존이 불가능하다. 실력이나 재능이 뛰어나지 않고 비상한 머리, 출중한 외모가 없어도 그것과 상관없이 존재 자체만으로 자신에게 주목해 주는 사람이 한 명은 있어야 사람은 살 수 있다. 생존의 최소 조건이다. 이해관계 없이도 무조건 나를 사랑하고 지지해 주는 가족 같은 존재, 최소한 나를 의식이라도 하는 사람이 세상에 반드시 존재해야 하는 이유도 그 때문이다(물론 가족이 다 그런 것은 아니지만).

최소한 그녀가 스스로 호흡할 수 있을 때까지는 내가 그녀의 산소통이 되어주고 싶었다. 어른이 되는 건 그다음 일이니까.

일단 살고 봐야 하니까. 그렇게 1년을 함께 보냈다. 그럼에도, 우리는 언젠가 분리되어야만 했다. 자가 호흡을 하기 위해서는 언젠가는 호흡기를 떼어내야만 하는 것처럼. 언젠가부터 나는 그녀가 나를 필요로 한다는 사실에 안도하고 있었다. 그녀만 있으면 뭐든 괜찮을 것 같았다. 그녀의 열렬한 애정과 인정이 나를 살리고 있었다. 무조건 사랑하고 지지해 주는 것과, 서로가 꼭 붙어 있지 않으면 삶의 불꽃이 꺼져버리는 관계는 엄연히 달랐다. 이대로라면 둘 다 성장이 멈출 게 뻔했다.

나는 우리가 떨어져 있어도 이미 가족처럼 서로를 아끼는 사이라고 믿었다. 하지만 내가 가야 할 길을 가겠노라고 선을 긋는 과정에서 그녀는 크게 상처받았다. 그녀가 마음을 닫아버리고 영영 나를 보지 않겠다고 할까 봐 무서웠다. 그래도 시간이 해결해 주리라 믿었다. 오래오래 잘 지내려면 자립해 내야 한다는 나의 결단을, 언젠가는 그녀가 알아주기를 간절히 바랐다. 한동안 연락이 되지 않았지만, 나는 독백하듯 한 번씩 메시지를 남겨두었다. 그녀가 다시 동굴 밖으로 나왔을 때, 여전히 내가 그녀와 연결되고자 한다는 사실을 알았으면 했다. 몇 달이 흐른 어느 날, 그녀에게서 답이 왔다. 그간 내 생각이 가장 많이 났다며, 만나서 이야기 나누고 싶다는 내용이었다. 반가웠다. 마음 한편에는 만나서 어떤 말을 해야 하나 걱정이 올라왔다.

무엇을 묻느냐가 아니고 나에게 집중하고 나의 마음을 궁금해하는 사람이 존재하는 것 자체가 치유이기 때문이다.

맞다. 그냥 만나는 그 순간에 존재하는 상대에게 집중하는 것이 최선이다. 그냥 평소처럼 대하기로 했다. 다시 연락해 줘서 고맙다고, 기다리고 있었다고 말해줘야지. 오랜만에 다시 만난 우리는 그간 고생했을 서로의 마음에 관해 다정스레 묻고 또 물었다. 아마 그녀도 한 걸음 앞으로 나아간 모양이었다. 다행이었다. 그 후로는 종종 연락을 주고받으며 산다. 나는 그녀가 무사히 잘 살아 있는지를 확인하고, 그거면 됐다고 말한다. 그녀는 내가 스스로에게 엄격하다는 것을 아주 잘 알고 있어서, 늘 주변에 괴롭히는 사람은 없는지 물어온다. 그게 누구든 간에 꼭 혼쭐이라도 내 줄 것처럼 말이다. 나보다도 더 온전히 내 편이 되어주는 든든한 아군이 있다는 사실을 생각하면, 괜히 코끝이 찡해진다. 나 역시 같은 마음이라는 걸, 그녀도 알아줬으면 좋겠다. 그녀가 보고픈 밤이다.

함께 읽으면 좋은 책

《비폭력대화》 마셜 B. 로젠버그
《날 안아 줘》 시모나 치라올로
《관계에도 거리두기가 필요합니다》 권수영

엄마로부터 독립해야 할 때

《나의 다정하고 무례한 엄마》 이남옥

어린아이는 자의식이 완전히 발달하지 않아 부모와 자신을 분리하는 법을 알지 못합니다. 그런데 성장한 뒤에도 이 분리가 이루어지지 않으면 문제가 생깁니다. 부모의 감정은 내 것이 아닙니다. 그런데 그 감정이 어디에서 왔는지조차 모른 채 과거로부터 온 감정에 갇혀 살아갑니다. 이것이 비극을 만들어내는 것이죠.

엄마는 늘 하고 싶은 게 많고, 정열이 넘친다. 그만큼 욕구 실현에 적극적인 편인데, 나는 그런 엄마를 동경하면서도 때때로 엄마에게 끌려간다는 느낌이 들 때마다 속이 부글부글 끓었다. 어릴 적부터 내가 무엇을 원하는지 알아차릴 새도 없이 많은 일들이 '그냥' 벌어졌다. 엄마가 예쁘다며 입혀주는 형광색 스타킹도, 반짝거리는 흰색 패딩도, 큰 리본이 달린 원피스도 정말이지 입고 싶지 않았다. 엄마는 어린 딸의 옷 투정에 아랑곳하지 않았지만. 넉넉지 않은 형편 탓에 피아노를 배우지 못한 게 한이었던 엄마는 딸에게 일찌감치 피아노를 배울 기회를 '선사'했다. 나는 음악에 별 재능도 없었고, 흥미도 느끼지 못했다. 그래도 꾸역꾸역 연습했다. 그래야 하는 줄 알았다. 참다못해 바닥에 악보를 패대기치고 피아노를 그만둘 때까지 무려 7년이 걸렸다. 초등학교 때부터는 학원을 뺑뺑이 돌았다. 물론, 자식들이 다양한 경험을 하기를 원했던 엄마의 뜻이었다.

내가 다섯 살이 되던 해, 엄마는 10년간 다니던 직장을 그만두었다. 당시 내 기억의 대부분은 기다림이었다. 열정이 넘치는 엄마는 테니스, 볼링, 판소리 등 늘 뭔가를 배우느라 바빴다. 그렇지 않은 날에는 성당 주일학교 일로 정신이 없었다. 집은 엄마의 손님들로 북적거렸다. 잘 모르는 사람들이 집에 있어도 나는 불평 한마디 없이 엄마 곁을 맴돌기만 했다. 내가 아닌 다른 무언가에 열중하는 엄마한테 떼쓰지 않고 기다릴 줄 아는 얌전한 딸, 그게 나였다.

조용한 탓도 있었겠지만, 나는 서열상으로도 세 살 터울의 오빠에 비해 상대적으로 관심을 덜 받았다. 막내딸이라서 더 관대하게 키웠다는 부모님의 입장과는 별개로, 그때 느꼈던 피해 의식이 분명히 존재했다. 하필 또 오빠의 머리가 얼마나 비상했던지, 엄마는 매주 차를 몰고 서울에 있는 유명 학원으로 아들을 나르는 수고를 아끼지 않았다. 외할머니 손에 나를 맡기고 떠나버리는 엄마의 뒷모습이 어찌나 야속했는지 모른다. 부모님보다도 외할머니를 더 잘 따랐던 연유도 엄마의 부재가 그만큼 잦았기 때문일 것이다.

여느 날처럼 오빠만 데리고 나가려 하는 엄마 꽁무니를 쫓아 현관에 나갔다. 그날은 무슨 생각이었는지, 할머니의 치마폭에 뒤에서 어렵사리 입을 뗐다. "나도 같이 가고 싶어." 그때부터 엄마는 나를 데리고 다니기 시작했다. 크고 나서 이 이야기를 하자, 엄마는 차를 타고 멀리까지 나가는 게 힘들까 봐 그랬다고 해명했다. 사실이 그랬다. 피곤하고 재미도 없었다. 여전히 내가 아니라 오빠가 주인공이었다. 그럼에도 엄마와 함께할 수 있다는 사실이 좋았다. 최소한 중요하지 않은 존재로, 홀로 남겨지는 기분은 느끼지 않을 수 있었다. 엄마는 정이 많고 살가웠지만, 타인의 감정에는 둔감한 편이었다. 스스로가 솔직하기 때문에 세상 모두가 좋고 싫음을 분명하게 드러낼 수 있다고, 어쩌면 그래야만 한다고 생각하는 듯했다. 말로 표현하지 않으면 누구도 속마음을 알 수 없다고, 그 자신만 손해라고 말하곤 했으니까. 그 원리는 가족에게도 똑같이 적용되었다. 그렇다면 엄마의 그 따뜻하면서도 무신경한 면모가 설명됐다.

엄마와 나 사이에는 닮은 점이 별로 없었다. 그 차이 덕분에 우리는 서로를 인정하고 좋아하는 모녀 사이가 되어갔다. 엄마는 조잘대는 나의 이야기를 참 잘 들어주곤 했는데, 그럼에도 솔직해지기 어려운 주제가 딱 하나 있었다. 바로 연애 문제였다. 나로서는 그럴 만한 이유가 있기는 했다. 스물한 살, 부모님의 반대로 당시 만나고 있던 첫 남자 친구와 헤어진 적이 있었다. 그 일은 두고두고 나의 발작 버튼이 되었다. 부모님 눈 밖에 나면 딸로서 누리고 있는 많은 것들을 빼앗길지도 모른다는 두려움이 자라났다. 그리고 그것은 슬픔으로 이어졌다. 내 존재가 있는 그대로 사랑받을 수 없다는 비애였다. 이후로는 엄마가 가끔 떠보듯 연애나 결혼에 관해 물으면 대답을 회피했다. 엄마가 내가 만나는 사람을 탐탁지 않게 보는 것도, 괜히 혼자 너무 앞서 나가는 것도 다 불편했다. 나를 믿고 존중한다고 말하면서도, 남자 친구가 있는 나에게 자꾸 소개팅을 권하는 엄마가 야속했다. 엄마 마음에 드는 옷을 자꾸 억지로 입히려던 어린 시절과 똑같은 상황이었다.

 엄마와 정서적으로 분리되지 못했던 때의 나는 엄마 마음에 차지 않는 남자를 만나는 나를 탓하기도 했다. 그렇다고 엄마 때문에 또 사랑하는 사람과 헤어질 생각은 추호도 없었다. 엄마는 딸의 행복을 바랐을 테지만 나와 가장 깊은 애정 관계를 맺고 있는 사람을 쏙 빼놓고 내 행복을 논한다는 건 애초에 말이 안 됐다. 그러면서도 엄마 말에 휘둘린 날에는, 상대가 더 나은 조건을 갖추기를 바라며 변화를 은근히 종용했다. 이것밖에 안 되는 내가 한심했다. 어김없이 찾아드는 죄책감과 혼란 때문에 미쳐버릴 것 같았다. 집에서도, 밖에서도 편치가 않았다. 엄마와 내 마음이 한데 엉켜 어떻게 해야 할지 알 수가 없었다. 뭔가 잘못되어 가고 있었다.

 나처럼 부모님의 말 한마디에 마음이 위축되고 불안해지는 이 세상 모든 아들딸에게 권하고 싶은 책이 있다. 바로 《나의 다정하고 무례한 엄마》다. 이렇게나 가려운 데를 정확히 긁은 듯 시원한 제목이 또 있을까. 나는 얼마나 많은 자녀들이 이 제목에 공감할지 상상하며 이 책을 샀다. 한편으로는 통쾌함 뒤에 따라붙는 죄스러운 마음을 의식했다. '우리 엄마가 얼마나 좋은 사람인데. 이 배은망덕한 딸 같으니라고.' 이 머릿속 목소리는 정말 온전히 나의 것일까. 혹시 이러한 감정적 억압이 많은 자녀들로 하여금 엄마와의 관계를 있는 그대로 바라보지 못하게 하는 것은 아닐까.

이 책에는 가족치료 상담가인 저자의 풍부한 심리학적 지식과 경험을 바탕으로 엄마와의 관계를 재정립할 수 있는 다양한 상담 사례가 담겨 있다. 그 사례를 통해 상처의 근본 원인과 가족치료 관점의 해결 방법을 이해하고, 자신의 내적 가치를 발견해 나가는 과정까지 살펴볼 수 있다. 아무리 힘들어도 쉽게 떠날 수도, 끊어지지도 않는 것이 엄마와의 관계다. 저자가 말하는 핵심은 '건강한 독립'에 있다.

> 부모와의 관계는 부모가 내게 어떤 말을 하고, 어떤 표정을 짓고, 어떤 반응을 보이는지에 따라 정해지는 것이 아닙니다. 중요한 것은 내가 무엇을 원하고, 그것을 위해 어떤 행동을 하는가입니다.

엄마로부터 미분화된 나의 상태를 아프게 찌르는 문장이었다. 동시에 오랫동안 내 감정과 욕구대로 살면 부모님과의 관계를 망치게 될 것이라 여겼던 나에게는 면죄부나 다름없는 문장이기도 했다. 이제껏 내가 선택의 책임을 회피해 왔다는 깨달음으로도 이어졌다. 순조롭지 못했던 지난 연애를 향한 억울함을 떠올려 봤다. 그때는 뜨거워야만 사랑이었다. 활활 불타는 연애가 안정적인 관계로 이어지지 못한 것은 당연했다. 사랑받고 싶다는 갈망과 낮은 자존감이 내 눈을 흐리게 만들었을 뿐, 딱히 내가 누군가에게 속은 것도 아니었다. 어쨌거나 나는 내 마음이 가는 대로 사람을 만나오지 않았던가. 부모님의 뜻에 순응했던 스물한 살의 내 선택 역시, 착한 딸이 되어 사랑받고 싶었던 나의 소망이 낳은 결과였다. 내가 원하는 것을 얻으려면 분명히 경계를 그어야 했다.

서른쯤 만났던 전 연인은 선하고 다정다감한 사람이었다. 4년을 만났지만 결국 결혼으로 이어지지는 못했다. 하지만 나에게는 여러 가지로 성장과 진보를 가져다준 사랑이었다. 그와의 이별 후 나는 큰 상실감에 젖어 있었다. 언제나 내 편이 되어주었던 사람이 곁에 없다는 사실이 무섭고 공허했다. 혼자만의 시간을 보내며 어떻게든 버티고 있는데, 엄마가 난데없이 장문의 메시지를 보내왔다. 그를 비난하면서 다시는 돌아보지 말라는 거였다. 이미 헤어진 마당에 또 무슨 불안이 올라왔는지, 극단적인 말을 서슴없이 쏟아댔다. 명백한 경계선 침범이었다. 평소처럼 적당히 알았다고 할까, 아니면 못 본 척 답장을 하지 말까 한참을 고민했다. 나는 내 감정과 선택을 존중받기를 원했다. 그러려면 내 심정이 어떤지 말해야 했다. 쿵쾅거리는 가슴을 안고 답장을 썼다.

'내가 힘들 때 그 누구보다 제일 큰 도움을 준 사람이야. 나는 후회 안 해. 이 세상 모든 연애의 목적이 전부 결혼은 아니잖아? 이미 끝난 상황에서 굳이 이런 이야기 더는 안 했으면 해. 그리고 제발 말하기 전에 내 감정이 어떨지 한 번만 생각해 줘.'

전송 버튼을 누르기까지 얼마나 많은 고민을 했던가. 눈을 질끈 감고 답을 보내버렸다. 얼마 지나지 않아 엄마로부터 다시는 언급하지 않겠다는 답이 왔다. 하도 싱거워서 맥이 풀렸다. '뭐야, 별거 아니네.' 해방감이 들었다. 이후로도 기분 상하는 일은 종종 있었지만, 더 이상 두렵지는 않았다. 제대로 표현하기만 하면 엄마가 나를 받아들여 준다는 것을 알았기 때문이다. 어쩌면 내가 명확하게 선을 긋지 못한 게 문제를 더 키워온 게 아닐까?

정서적 독립을 이루기 위해 제가 강조하는 것이 있습니다. '나는 부모를 받아들이는가, 부모는 나를 받아들이는가.'

받아들임은 존재를 온몸으로 포용하는 것입니다. 이유가 있는 것이 아닙니다. 그저 존재 자체로 받아들여지고 이해되는 경험입니다. 그 경험이 충족되면 정서적 독립도 자연스럽게 이루어집니다.

엄마와의 독립된 삶을 위해서는 적절한 놓아주기와 건강한 연결하기가 필요하다. 또한, 저자는 엄마가 주는 고통에서 벗어나고 싶다면 반드시 과거의 기억을 찾아 나의 엄마를 다시 만나야 한다고 말한다. 과거 자체는 바꿀 수 없지만 기억 속에 있는 엄마의 상을 조절함으로써 과거에 부여하는 의미를 바꿀 수 있기 때문이다.

그녀가 가진 수많은 기억 중에 부모와의 기억을 다시 찾아 재생하도록 했습니다. 사랑받지 못한 것보다 사랑받은 기억을 끄집어내 사소해 보이더라도 따뜻한 이미지가 떠오른다면, 그것을 깊이 받아들이고 되새기도록 한 것입니다. 그러면 그 기억은 마음속에 안식처를 만듭니다.

떠올려 보자면, 엄마와의 좋은 기억이 산더미다. 관심이 다른 데로 자주 쏠리기는 했어도, 나에게 집중할 때 엄마의 눈빛은 한없이 따사로웠다. 가끔은 부담스러울 만큼 황홀경에 빠진 표정이 되었다. 살림에 재주가 없는 엄마의 주방은 초토화가 되기 일쑤였지만, 어쨌거나 우리 가족은 엄마가 차려 준 따뜻한 밥상 앞에 모여 함께 식사를 했다. 친구들 사이 따돌림 이슈가 생겼던 사춘기 시절에도, 갑자기 무릎 수술을 하게 되었을 때도, 엄마는 나보다 더 적극적으로 발 벗고 나서는 사람이었다. 엄마는 나를 사랑하는 게 분명하다. 이제는 안다. 엄마가 내 의견을 무시하고 강요하고 싶었던 게 아님을. 엄마는 좋은 것들을 끝없이 퍼주고 싶어서 품 안의 자식을 놓지 못하는 보통의 엄마일 따름이다. 이런 모습도, 저런 모습도 다 엄마의 일부라는 사실을 받아들이기까지 참 오랜 시간이 걸렸다. 엄마에게서 떨어져 나오고 나서야 엄마의 존재와 사랑이 보인다. 그러니 앞으로 우리는 그럭저럭 괜찮을 것이다.

함께 읽으면 좋은 책

《가족의 발견》 최광현
《떠날 수 없는 관계는 없습니다》 임아영
《관계를 읽는 시간》 문요한

오래도록 상처가 아물지 않을 때

《아직도 가야 할 길》 M. 스캇 펙

항상 개인적 불편함은 상대적으로 중요하지 않다 여겨야 하며, 진실을 찾는 과정에서는 진정으로 심지어 그것을 반겨야 한다. 정신건강은 어떤 대가를 치르더라도 진실에 충실하는 진행형의 과정이다.

쓸수록 이런 게 글감이 되나 싶을 만큼, 인생이 참 평탄했구나 싶다. 물론 지났으니 할 수 있는 말이기는 하다. 한창 힘들 때는 행복하다는 게 어떤 느낌인지도 몰랐다. 잘 풀리면 운, 안 되면 다 내 탓 하는 삶이 어찌 즐거울 수 있었을까. 마음은 쉬이 닳았고, 채워지는 일은 드물었다. 도대체 무엇이 문제란 말인가. 딱히 대단한 삶을 꿈꾸는 것도 아니었다. 나에게 주어진 순간순간에 만족하며 살고 싶을 뿐이었다. 인생은 마음먹기 나름이라는데, 행복이 아득했다. 의식적으로 감사 일기를 쓰고, 아침마다 긍정 확언을 외쳐도 소용없었다.

　혹, 신을 만날 수 있다면 뭔가가 달라질까? 성당에 나가 봉사를 하고 기도를 해도 또 다른 고민만 생겨났다. 성경 속 사랑의 신이 매 순간 나와 함께한다는 그 진리부터 잘 받아들여지지 않았다. 사람들 사이에서 착한 얼굴로 생글거리다가도, 신성한 성전에 매달려 있는 예수님의 고통과 희생 앞에 무감각한 스스로가 서늘하게 느껴졌다. '나는 대체 무엇을 위해, 또 무엇을 향해 이 자리에 와 있는 걸까?' 그때 내가 원한 건 신의 무한한 사랑이었을까? 혹은 자아실현? 그것도 아니면 자아를 초월한 더 큰 소명에의 투신이었나? 뭐가 됐든 간에 인간적으로 성장하고 싶다는 열망이 존재하기는 했다. 그렇지만 나 자신도 수용하지 못하는 인간이 뭘 하겠단 말인가. 땅이 싫으니, 하늘로 날아

115

가 보겠다는 심산이었다. 하늘을 날기는커녕, 나는 저 아래 빛도 들지 않는 곳에 고개를 처박고 있었다. 땅 위로 올라오는 것이 먼저였다. 부정적인 사고와 감정의 악순환을 끊어내야 했다.

모순 많고 복잡한 나 자신을 해독하기 위해 공부를 시작했다. 상담심리학, 심리검사, 에니어그램, 비폭력대화, 치유 글쓰기, 독서치료, 미술치료, 소리테라피, 마음챙김 명상, 차크라에 이르기까지 나를 이해하는 데 도움 될 만한 키워드라면 가리지 않고 찾아다녔다. 여러 이론과 공식에 살아온 역사를 대입해 보면서 나라는 인간의 퍼즐 조각을 조금씩 맞춰 나갔다. 내 본성과 본질을 가리운 인생사는 분명히 존재했다. 나에 대한 선입견이나 오해를 깨부수면서 앞으로는 무엇에 집중해야 하는지가 점차 뚜렷해지고 있었다. 그때 알았다. 이 세상에 사람 마음을 푸는 공식은 없지만, 최소한 오답을 걸러낼 방법은 있다는 사실을. 내가 아닌 껍데기나 군더더기들을 아는 것만으로도 신이 났다. 자기 확신이 쑥쑥 커지면서 내가 회복되어 가고 있음을 느꼈다. 하지만 이것이 섣부른 착각임을 깨닫기까지는 그리 오래 걸리지 않았다.

2022년 봄, 아빠에게 갑작스럽게 뇌경색 증상이 나타났다. 온 가족의 가슴이 철렁 내려앉았지만, 다행히 증상은 경미했다.

아빠는 서서히 건강을 회복해 가고 있었지만, 일을 계속하기에는 무리가 있다고 판단하고 결국 은퇴를 결심했다. 죽는 날까지 일하겠다던 사람이었으니 말하지 않아도 아빠의 상심은 알 만했다. 그런데 나는 힘이 쭉 빠진 아빠를 보고도 연민이나 애틋함을 느끼지 못했다. 아니, 내가 이렇게 나쁜 딸이었나? 반면, 엄마는 수십 년을 함께해 온 동반자의 존재에 감사를 표하면서, 아빠가 타인들에게 얼마나 좋은 사람이었는지를 자꾸 들려줬다. 불행히도, 그게 나를 자극했다. 나에게 아빠는 그런 사람이 아니었기 때문이다. '나한테는 칭찬이나 따뜻한 말 한마디 해준 적이 없었는데, 다른 사람들한테는 그렇게나 달랐다고?' 뱃속에서부터 화가 끓어올랐다. 화는 상처 입은 약한 마음을 가리는 이차 감정이었다.

그즈음, 등에 알 수 없는 통증이 몇 달째 계속되고 있었다. 처음에는 대수롭지 않게 여겼지만 영 나아질 기미가 보이지 않았다. 찜찜하니 병원에 한 번 가볼까 한다고 말을 꺼냈다. 그러자 돌아온 아빠의 반응은 이성적인 해결책도, 염려 섞인 타박도 아니었다. 인터넷에 돌아다니는 말도 안 되는 정보를 보고는 뭣 모르는 소리를 한다는 무시였다. '말을 왜 저렇게 하지? 내가 걱정도 안 되나? 하긴, 아빠가 언제 말 한마디라도 따뜻하게 해준 적이 있나.' 아빠의 비난과 무관심에는 익숙했다. 한 번씩 뾰족한 말들이 쏟아질 때마다 아빠가 나를 소중히 여기지 않는다는 느낌을 받았다. 무심하게 뱉은 날 선 말이 가슴을 꿰뚫었다. 가족 중 누구도 내가 얼마나 아파하는지 알지 못했다. 가족들은 개성들이 강하고 직설적이었다. 나는 속이 무르고 예민했지만, 표현 방식은 크게 다르지 않았다. 다들 내가 집에서 화를 잘 내고 자기주장을 잘한다고만 생각했다. 따뜻한 사랑과 존중을 원한다고 아우성칠수록, 나에 대한 편견과 오해만 커졌다. 이럴 바에는 체념하는 편이 나았다. 아빠가 서툴러서 그러는 거라고, 마음은 보이지 않는 것이니 당연히 모를 수 있다고 받아들이려고 애썼다. 아빠의 좋은 면에 집중해 보려고도 했다.

혼자서 상처를 틀어막고 회복하려면 결국 감정을 회피하거나 억압하는 수밖에 없었다. 그게 내 생존법이었다. 하지만 오랫동안 켜켜이 쌓인 이 복잡다단한 마음이 '삐졌다'라는 단어로 쉽게 정의되는 건 억울했다. 균열이 생긴 상태에서 엄마가 던진 돌 하나가 나를 붕괴시켰다. '그래, 다들 내 존재를 제대로 보고 이해하려는 마음은 전혀 없지. 근데 나는 왜 그래야 하지? 노력해 봤자 알아주지도 않는데? 잘해야 본전이고, 못하면 욕만 먹는데?' 억눌러왔던 분노와 적개심이 폭발했다. 미친 사람처럼 길길이 뛰며 온 집안 물건을 부술 듯 헤집고 다녔다. 얼마나 악을 질러댔던지 목이 다 나갔다. 하나도 괜찮지가 않았다. 스스로 문제를 해결해 보겠다고 힘쓰던 차에 이렇게 무너지고 말다니, 절망적이었다.

그날, 무작정 집을 나왔다. 생각나는 건 친구뿐이었다. 친구는 쉬어버린 내 목소리를 듣고 내심 놀란 듯했다. 그날 우리는 밤새워 이야기를 나눴다. 그녀는 내 말을 차분히 듣다가도, 어떤 포인트에서는 나보다 더 열변을 토하기도 했다. 좀 더 스스로를 보호할 필요가 있다며 현실적인 조언도 해주었다. 특히, 자신도 가족과의 갈등 문제로 전문가의 도움을 받았었다며 정신분석이나 상담을 추천했다. 상담심리학을 제대로 공부하려면 언젠가는 상담을 받아야 했지만, 이렇게나 갑자기 도움이 절실한 상황이 될 줄은 몰랐다.

정신과 의사였던 M. 스캇 펙은 《아직도 가야 할 길》을 통해 심리 치료 현장에서 만난 환자들의 사례를 소개하며, 건강한 삶에 필요한 요소들을 제시했다. 그에 따르면, '정신적 성장'은 오로지 '문제'를 통해서만 가능하다. 문제는 부딪쳐서 해결하지 않으면 그대로 남아 영혼의 발전에 영원히 장애가 되지만, 문제를 직면하고 변화를 일으키는 사람은 과거와 전혀 다른 세상에서 살게 된다는 것이다. 그러므로 그는 통념과 달리 정신과 치료를 받으러 오는 정신질환자를 오히려 의지가 강하고 영적 성장 가능성이 높은 사람으로 봤다. 상담자로서의 엄마도 비슷한 이야기를 했었다. 그래도 상담을 받으러 오는 사람들에게는 나아질 희망이 있다는 거였다. 특히 치료 효과는 자신의 문제를 제대로 인식하고 인정하는 힘이 있느냐, 그리고 스스로 변화하고 싶다는 의지가 얼마나 있느냐에 따라 크게 달라진다고 했다. 내 안에 그럴 만한 힘이 있는지는 몰라도, 현 상태를 타파하고 싶은 마음은 굴뚝 같았다. 상담을 받기로 했다.

이야기의 주제는 매번 달랐지만 빠지지 않고 등장하는 두 존재가 있었다. 하나는 아빠였고, 다른 하나는 스스로에게 가혹한 내면 비판자였다. 상담자는 내 생각과 기준이라고 믿어온 것들의 상당 부분이 고지식한 아빠의 목소리를 내면화한 결과일 수 있다고 말했다. 그 해석을 받아들이는 것부터가 참 어려웠다. '아빠 탓하지 마. 그냥 네가 까탈스럽고 이기적인 거잖아.' 이런 생각이 자동으로 떠올랐다. 하지만 이조차도 집에서 자주 들어온 말이었다. '까탈스럽고 이기적일 수도 있지, 그럼 좀 어떻다고.' 그때는 이렇게 가볍게 생각할 수가 없었다. 내 문제의 본질은 나 자신을 인정하고 사랑하는 데 너무 많은 조건을 내건다는 것이었다.

아빠는 퇴근하자마자 바로 집으로 달려오는 가정적이고 성실한 가장이었다. 동시에 마치 흠을 지적하기 위해 이 세상에 온 사람 같기도 했다. 아빠가 집에 오면 나도 모르게 긴장이 됐다. 어릴 때는 사랑과 인정을 바랐지만, 언젠가부터는 그냥 나를 좀 놔뒀으면, 차라리 아무 말도 하지 말아줬으면 했다. 동시에 아빠의 눈 밖에 나면 안 된다는 두려움이 자라났다. 그래서일까, 《아직도 가야 할 길》에 소개된 사례 중 유능한 어머니가 만들어놓은 규칙에 따라 억눌려 자란 레이첼에게 유독 공감이 됐다.

> 레이첼은 어머니가 만들어 놓은 규칙대로 따르지 않으면 당장에 쫓겨날지 모른다는 생각에 억눌려 자랐다. (...) 레이첼은 고용인에게나 하는 말들을 들으면서 자랐다. 레이첼의 위치는 단지 그가 생산해야 할 것을 만들어 내고 기대에 따라서 행동해야만 보장되었던 것이다. 이처럼 그녀의 위치가 아이로서 안전하지 않았는데 어떻게 그녀가 나와의 관계에서 안전하다고 느낄 수 있었겠는가?

그녀는 아이로서 자신의 위치가 '안전하다'는 느낌을 받지 못했고 일상의 대부분에서 긴장을 풀지 못한다. 그녀의 긴장 어린 삶은 "나는 나 자신을 편안하게 놔줄 수가 없어요"라는 문장에 함축되어 있었다. 스캇 펙은 버림받을지도 모른다는 두려움에 시달리면서 아이들이 정신적으로 성숙하게 자랄 수 없고, 부모의 잘못된 행동 때문에 받은 상처는 몇 마디의 말이나 한두 번의 안전에 대한 재확인으로는 치유될 수 없다고 했다. 그러면 어쩌란 말인가.

> 언제가 됐든 치유가 되려면, 그들은 성인의 삶이란 온통 개인적 선택과 결정의 연속이라는 것을 알아야만 한다. 완전히 이것을 받아들일 수 있으면 자유로워진다. 이를 받아들이지 않는 한, 그들은 영원히 자신을 희생자라고 느낄 것이다.

희생자라는 정체성은 사절이었다. 나는 변화와 치유를 원했다. 내 안에는 여전히 아빠가 내 마음을 알아줬으면, 내가 원하는 대로 바뀌었으면 하는 소망이 존재했다. 그건 기적을 바라는 일이었다. 아빠 역시 '아빠'라는 역할과 능력치를 장착하고 태어난 사람이 아니었다. 나는 상담을 통해 비로소 아빠를 객관적으로 보게 되었다. 타고난 기질과 성장배경, 직업, 인간관계 등이 맞물려 아빠의 성격과 가치관, 소통방식, 양육관, 방어기제를 형성했음을 이해했다. 아빠의 사랑법이 미숙한 사춘기 소년 시절에 머물러 있다고 가정하면, 많은 의문이 풀리고도 남았다.

돌이켜 보면, 아빠의 삶은 가족에 대한 책임감을 땔감 삼아 활활 불태우는 불가마 같았다. 나에게 집이란, 마음 놓고 있다가는 눈 깜짝할 새에 화상을 입기 십상인 곳이었다. 아빠는 우리 집의 부족장으로 군림하면서 꽉 쥔 주먹을 있는 힘껏 허공에 휘두르곤 했다. 그로 인해 나에게 비치는 아빠의 상 역시 돌처럼 굳어갔다. 우리를 손안에 감싸 쥔 아빠가 힘 조절에 실패한 날에는 온 가족이 힘들어했고, 느슨하게 손바닥을 펼친 날에는 적절한 안전감 속에 모두가 행복을 느꼈다. 어떤 날들이었든지 간에 우리는 아빠 손에 달려 있었다. 아빠의 사랑은 그런 종류의 것이었다. 이런 아빠의 고유성과 한계를 고려치 않은 나의 바람은 얼마나 터무니없었던가. 통찰이 치유의 속도를 높였다. 상담자는 사랑을 처방했다. 변화를 향한 의지뿐만 아니라 상처받기 쉬운 섬세함이 곧 사랑할 능력이라며, 먼저 사랑해 보기를 권했다. 나 자신부터 주변의 소중한 사람들과 아빠까지.

나는 사랑에 대해 정의하기를 '자기 자신이나 다른 사람의 정신적 성장을 도와줄 목적으로 자신을 확대시키려는 의지'라고 했다. 진정한 사랑은 감정적이기보다는 의지적인 것이다. 참사랑은 사랑으로 인해 우리가 압도되는 그런 느낌이 아니다. 그것은 책임감 있게 심사숙고한 끝에 내리는 결정이다.

'진정한 사랑은 감정적이기보다는 의지적'이라는 문장이 사랑 앞에 무기력했던 나를 한 발 앞으로 나아가게 했다. 사랑이 오직 감정에 의한 것이라고 한다면 사랑을 하든, 받든 그 주체가 내가 되기는 어렵다. 상대의 감정은 물론이고, 내 감정도 뜻대로 안 되는 게 현실이니까. 그런 사랑은 미미한 가능성에 도박을 거는 꼴이다. 그러나 사랑이 의지의 차원이라면, 변덕스럽고 불안정한 감정선에 의존하지 않아도 된다. 사랑할 의지를 발휘하는 선택권은 누구에게나 공평하게 펼쳐져 있다. 그렇게 되면, 상대가 얼마나 사랑 앞에 성숙한 사람인지 분별이 가능해진다. 그러므로 대처 방식도 스스로 결정할 수 있다.

> 사랑을 하면 할수록 나는 더욱 커진다. 진정한 사랑은 자신을 다시 채우는 것이다. 내가 다른 사람의 정신적 성장을 도우면 도울수록 내 자신의 정신적 성장도 더욱더 촉진된다. 나는 완전히 이기적인 인간이다. 나는 절대로 다른 사람을 위해서 무엇인가를 해 주는 것이 아니라 나 자신을 위해서 하는 것이다.

일단 나 자신을 위해 사랑을 해내고 싶었다. 내 욕구와 감정을 최우선으로 두는 게 자연스러워질 때까지 나에게 공감하고 또 공감했다. 때로는 **뻔뻔하다** 느껴질 만큼. 내 정신건강을 해치는 일은 과감히 단념하기도 하고, 내 심신이 편안하다고 느껴지는 일은 일부러 골라서 했다. 내 선택이 가족들의 평화로운 세계를 해칠까 봐, 사람들에게 미움받을까 봐 두려웠지만, 그래도 했다. 걱정과 달리 아무 문제도 일어나지 않았다.

아빠로부터 받고 싶었던 사랑을 서툴게나마 스스로에게 줄 수 있게 되었을 때 상담은 종결되었다. 약 1년 만이었다. 끊이지 않았던 자기 비난의 굴레로부터 해방된 지금, 아빠의 가시 돋친 말을 들어도 예전만큼 울컥하지 않는다. 아빠만의 언어를 통역하고 여과하는 능력이 발달했기 때문이다. 과거는 그대로지만, 그 의미와 해석이 달라지면서 완전히 새로운 세계가 열렸다. 나도 그간 조금은 큰 것인지, 요즘은 내가 받아온 사랑과 좋은 마음들이 훨씬 많이 보인다. 노년에 접어든 아빠의 가시도 조금씩 무뎌져 간다. 나의 묵은 감정들이 해소되면서 자연스럽게 생긴 변화도 있을 것이다. 이제는 정말로 사랑할 일만 남았다.

함께 읽으면 좋은 책

《상처받지 않는 영혼》 마이클 A. 싱어
《나는 왜 네 말이 힘들까》 박재연
《상처받은 나를 위한 애도 수업》 강은호

낮은 자존감이 사랑을 방해할 때

《현대인의 정신건강》 이동식

정신 불건강이나 인격의 미숙, 노이로제는 겉으로는 자기밖에 모르고 남의 사정을 개의치 않는 것 같지만, 실은 자기 마음속에 자기는 없고 남, 그것도 남이 아닌 자기가 만들어낸 남으로 가득 차 있다는 것이다.

처음 심리학에 관심이 생긴 건 상담을 공부한 엄마 때문이었다. 엄마는 뭐 하나에 꽂히면 일단 배우겠다고 달려드는 사람이었다. 거쳐 간 취미만 해도 테니스부터 볼링, 한국 무용, 판소리, 만돌린, 오카리나, 시니어 모델까지 다채롭기 그지없었다. 타고나기를 사교적이라, 성당이나 독서모임 등에서 친교를 나누는 데에도 열정이 넘쳤다. 그 불꽃이 사람을 향할 때는 아무도 엄마를 말릴 수가 없었다. 식구들과 친척들은 물론이고 이웃들이 겪는 일 하나하나에도 마음이 요동치는 엄마의 미간에는 자주 주름이 잡혔다. 그런 엄마의 마음 탐방기는 마흔이 한참 넘어서 시작되었다. 부모 교육 강사로 시작해 상담대학원을 졸업한 후 몇 년간 수련을 받고, 학회 자격증을 따는 지난한 과정을 거쳐 엄마는 마침내 심리상담사가 되었다.

계절과 날씨에 따라 엉덩이가 들썩이는 기분파 엄마가 대학원을 졸업한 후로도 끊임없이 공부하는 모습이 신기했다. "하고 싶은 게 그렇게 많은데, 그 어려운 공부는 어떻게 계속하는 거야?" 엄마도 처음에는 사춘기 아들을 잘 좀 키워보려고, 까칠한 아빠와 잘 좀 지내보려고 공부를 시작했다고 말했다. 그 과정에서 마주한 건 엄마 자신의 한계였다고도 덧붙였다. "내가 성장하려고 하는 거지, 뭐." 상담 전문가가 되기 위한 수련을 받으면서 엄마는 묻어두었던 어린 시절의 상처와 결핍 때문에 부침을 겪었다. 굳이 상처를 들쑤셔가면서까지, 포기하지 않고 그 고비를 기어이 넘었다. 그 시간을 건너온 뒤로도, 엄마는 사람 때문에 자주 울고 웃었다. 상담을 하는 엄마는 자애롭고 지혜로워 보이지만, 집에서는 갑자기 왁 화를 내거나 스트레스로 머리를 싸매고 드러눕기도 하고, 웬만한 일은 합리화로 얼렁뚱땅 넘어가곤 한다. 귀는 또 어찌나 얇은지 매일 마음이 오락가락한다. 공부를 해도 나에게 엄마는 엄마다.

나는 그런 엄마를 좋아했다. 꿈이 없던 때에도 유일한 롤모델이 엄마였을 정도로. 탁월한 회복력이 특히 부러웠다. 철퍼덕 넘어졌다가도 툭툭 털고 일어나 사람을 쫓아가는 해맑은 아이 같은 사람, 타인을 향한 사랑이 좀처럼 마르지 않는 사람. 그런 어른이 되고 싶었다. 나이가 들면 웬만한 일은 초연하게 흘려보낼 수 있을 줄 알았는데, 현실은 정반대였다. 흐르는 세월과 함께 점점 미해결된 과제만 누적되어 갔다. 내가 어떤 사람인지, 어떻게 살고 싶은지 도통 알 수가 없었다. 예민한 기질에 끌려다니는 것도 피곤했고, 사람들과 깊은 관계를 맺지 못하는 것도 고민이었다. 정확한 원인을 알 수 없는 불만족과 긴장감에 늘 휩싸여 있었다. 모든 것이 마음에 달려 있다는 그 흔하디흔한 말에 매달리는 시기가 찾아왔다.

엄마의 서재에 있는 심리 에세이부터 한두 권씩 읽기 시작했는데, 사람의 마음을 다루는 이야기가 굉장히 흥미로웠다. 나를 찾을 수 있는 도구가 이렇게나 다양하다는 사실이 반가웠다. 오래 품고 있던 진로 고민과 맞물리면서 상담심리학 학사를 따보기로 했다. 공부를 하고, 실제로 상담을 받는 과정에서 내 안의 뿌리 깊은 비합리적인 신념을 발견했다. '나는 완벽해야 한다. 그렇지 않으면 무가치한 존재다. 무가치한 인간은 사랑받을 수 없다. 그러므로 나는 끊임없이 애써야 한다.' 사람이 어떻게 완벽할 수 있을까. 더군다나 그것이 내 존재 가치를 결정한다는 게 가당키나 하나. 믿기 어려웠지만 실제로 내 생각의 생김새가 저랬다. 이런 믿음을 가지고 살아왔으니 내 인생에 불행 귀신이 들러붙은 것은 당연했다. 스스로 완벽할 수 없다고 깨달은 뒤로도, 그렇게 '보이기 위해' 최선을 다하며 살아온 게 문제였다.

 나는 예쁘고, 똑똑하고, 뭐든 척척 해내는 팔방미인에, 마음씨도 따뜻한 사람으로 보이고 싶었다. 그러면서도 강한 사람이라야 했다. 그런데 나는 그리 예쁘지도 않고, 손끝도 야무지지 못했다. 바보는 아니지만 그렇다고 천재는 더더욱 아니었다. 마음 씀씀이 역시 보통의 이기주의자에 가까웠다. 누군가의 어려움에 공감하며 진심으로 돕고 싶다는 마음이 들다가도, 내 안위가 위협이라도 받으면 콩벌레처럼 몸을 웅크리곤 내 세계로 파고들었다. 그 누구도 이렇게 허약하고 빈틈 많은 나를 진심으로 좋아할 수 없을 것이라고 믿었다. 그래서 적정 거리를 유지하면서 날카로운 비평가의 면모는 최대한 숨기고, 듣기 좋은 말을 건네려고 노력했다. 내 욕구는 뒷전으로 제쳐두고 상대에게 맞추는 쪽을 택했다. 좋은 사람처럼 보이는 데는 성공했지만 꼭 살얼음 위를 걷는 기분이었다. 오랜 친구를 만나든, 새로운 사람들을 만나든 편하지 않았다. 나는 제 발로 고립의 늪으로 걸어 들어가고 있었다.

집에만 돌아오면 밀려오는 외로움에 속절없이 휩쓸리면서, 내게도 영원히 깨어지지 않을 관계가 있기를 소원했다. 하고 싶은 말을 툭 내뱉어도 나를 오해하지 않을 상대, 내가 천방지축 어린애처럼 굴어도 나를 사랑스럽게 바라봐 줄 상대를 원했다. 그나마 연애가 이 갈증을 해소해 줄 수 있다고 믿었다. 상대에 대한 환상을 연료 삼아 활활 타는 것, 그리고 각자의 결핍이 맞물려 앞으로 나아가는 것이 사랑 아니던가. 연인에게는 조금쯤 나를 풀어놓고 개방해도 괜찮지 않을까? 그런데 이게 웬걸, 그놈의 사랑이 매번 나를 더 큰 고통에 빠트렸다. 정확히 말해, '사랑을 갈구하는 마음'이 나를 괴롭혔다.

나는 사랑받지 못하고 있다는 부정 근거를 찾는 데 너무 열심이었다. 좋은 날도 많았지만, 불평과 의심이 잦았다. '이렇게 까탈스럽고 비관적인 여자를 누가 좋아하겠어.' 습관적인 자기혐오는 슬픔의 반경을 끝없이 넓혔다. 그러다 지친 나머지 서로를 위해 헤어지는 편이 낫다고 결론짓고 홀로 이별을 계획했다. 먼저 끊어낼 용기는 없었으므로 질질 끌다가 상대의 치명적인 단점이 드러나는 순간, 손을 탁 놔버렸다. 그렇다고 사랑이 쉽게 포기되는 것은 아니었다. 이런 나와 딱 맞는 유니콘 같은 남자가 어딘가에 있을 거라는 희망을 놓지 못했다. 새로운 누군가가 나타나면 다시 기대를 품고 영원히 함께할 미래를 그렸다. 애쓰다 실망하고, 거리두기 끝에 헤어지는 일이 반복되었다.

엄마는 수년간 만남과 이별을 반복하는 내가 혼기를 놓칠까 봐 걱정했다. 동시에 작은 홈 하나도 적당히 눈 감지 못하는 딸의 엄격함을 염려했다. 나는 내 선 밖에 있는 사람을 굳이 사랑하고 싶지 않다고, 도저히 그럴 수 없다고 항변했다. 엄마는 그런 내게 《현대인의 정신건강》이라는 책을 추천했다. "내 딸이지만, 참 자비가 없다. 결국 애정결핍 문제야. 심리학 공부 어렵게 할 필요 없어. 엄마가 봤을 때는 이 책 한 권이면 돼." 엄마가 건넨 책은 아주 오래된 정신건강학 에세이였다. 케케묵은 초판본인 데다, 1920년생인 저자의 예스러운 문체가 고루하게 보였다.

그럼에도 정신건강의 핵심 비결이 다 담겨 있다던 엄마의 평을 지나치기는 어려웠다. 생각보다 글은 술술 읽혔다. 요즘 책들처럼 친절하고 세련된 문체는 아니지만 고수의 내공이 알차게 압축된 느낌이었다. 여러 인간 군상을 만나 본 정신의학박사의 코멘트는 명료했다.

> 정신치료나 도를 닦는다는 것은 받고자 하는 마음을 줄이는 것을 말한다. 바라는 마음이 충족되지 않기 때문에 미움이 생긴다. 미움이 없는 사람은 남의 마음을 아프게 만들지 않는다. 자비만이 있다. 허전한 마음이 있으면 바라고 있다는 증거다. 혼자 있어도 허전함을 느끼지 않고 자유를 느낄 수 있다면 정신이 건강하고 인격이 성숙했다고 볼 수 있다.

받고자 하는 마음, 나는 그것을 아주 잘 안다. 첫 남자 친구는 나를 여왕님 받들 듯 대하며 을이 되기를 자처했다. 내가 아무리 밀어내도 그는 꿈쩍도 하지 않았다. 나와 만날 수만 있다면 뭐든 할 것처럼 굴었다. 그의 모든 일상이 나를 중심으로 돌아가는 게 갑갑했으나 맹목적인 관심과 애정 공세는 대단히 달콤했다. 1년도 채 가지 못한 관계였지만 후유증은 바로 다음 연애에서부터 나타났다. 그가 보여줬던 온도에 미치지 않으면 사랑

같지가 않았다. 더 잦은 연락과 만남을 원했고, 나의 단점이나 모순을 지적하지 않고 다 맞춰주기를 기대했다. 그게 되지 않으면 그렇게 서운하고 화가 났다.

나처럼 사랑받기를 바라는 마음이 유별난 사람을 만나고 나서야 받고자 하는 마음이 얼마나 지독한 건지를 알게 됐다. 그와 내가 죽어라 다퉜던 이유는 다양했지만, 우리는 늘 같은 질문을 서로에게 던졌다. "나를 그냥 있는 그대로 사랑해 줄 수는 없어?" 둘 다 받은 것보다는 모자란 것 때문에 징징댔다. 그보다 더 큰 패인은 '의심'이었다. 바람 잘 날 없는 우리 관계가 순조로울 리 없다는 생각이 부정적인 상상을 부추겼다. '이 사람이 나를 진심으로 사랑하긴 하는 걸까? 혹시 술자리에서 한눈이라도 팔면 어떡하지. 앞뒤가 완전히 다른 사람인 걸 모르고 있다가 뒤통수 맞으면 어떡하지.' 불신이 갈등으로 번지는 날이 많았다. 불행히도 내 의심이 현실이 된 날, 나는 와르르 무너지고 말았다.

바보처럼 이전보다 더 잘해주려고 노력하면서 몇 달을 보냈다. 나의 의심과 방어적인 태도가 솔직한 대화를 막은 게 아닐까, 내가 그를 도망치도록 만든 것은 아닐까 하는 자책 때문이었다. 사실상 이미 끝난 관계였지만, 문제의 핵심을 직면할 용기가 나지 않았다. 결국 다른 사소한 일을 문제 삼아 그와 헤어졌다. 이별 직후에는 그의 인간성을 탓했지만 나중에는 그런 사람과 몇 년씩이나 사귄 나의 미련함을 욕했다. 그때부터 사랑에 있어 신뢰는 나에게 풀어야 할 숙제가 되었다. 그 누구도 완전히 믿을 수 없다는 생각이 나를 지옥으로 내몰았다. 아무리 사이가 좋고 순조로워도 마음 한편에는 늘 어떤 형태로든 기만당할지도 모른다는 불안이 있었다. 정신이 피폐했다.

> 정신건강은 의존을 벗어나서 정서적으로 독립을 성취하는 것이고 이것이 수도의 목표이고 무상정등각의 경지다. 배우자의 외도에 어떠한 반응을 하는가. 그것이 그 사람의 정신건강의 척도가 되기도 한다.

의존을 벗어나 정서적 독립을 성취해야 한다는 말에는 백 번 동의했다. 하지만 배우자의 외도에 어떠한 반응을 하는지가 정신건강의 척도가 된다니, 그런 일을 겪고도 멀쩡할 수가 있나? 나는 외도라는 단어에 동요하고 있었다. 아마 저자는 이미 일어난 배우자의 외도로 자기 자신을 망가뜨리고 있는 내담자들에게 한 말일 것이다. 과연 나는 다를까? 만약 내가 결혼한 상태에서 배우자의 외도를 겪는다면, 반쯤 미쳐버리지 않을까? 애초에 그런 일이 내게 벌어질까 봐 영원한 사랑을 서약하는 것에 회의적이지 않던가. 그것부터가 정신 건강과는 거리가 멀다. 대체 나는 왜 이렇게까지 사랑 때문에 벌벌 떠는 걸까? 인간에 대한 기대치가 너무 높은 게 문제일까? 아니면, 일어나지 않을 일을 미리 걱정하는 것인가? 그것도 아니면, 사랑받고 싶은 욕구가 너무 크기 때문일까?

> 정신의 불건강, 인격의 미숙이란 한마디로 말해서 자존심이 남의 대우나 평가에 의해 좌우되는 상태를 말한다. 자기는 자신을 인정하지 않고 남이 나를 인정하고 대우해 주기를 바란다.

누군가에게 버림받는 일을 자존감과 연결시키기 때문이다. 유기는 내 존재가 무가치하다는 증거와도 같았다. 존재의 위축은 소멸로 이어지고, 소멸은 곧 죽음을 뜻한다. 그래서 '순진하게 마음을 다 줬다가 버림받으면 어쩌나, 의리를 지키지 않는 나쁜 인간이면 어떡하나' 하는 걱정을 미리 했다. 죽을까 봐서. 결국 타인의 사랑을 통해 내 가치를 인정받으려는 한, 내 사랑은 앞으로 나아갈 수가 없다. 상대에게 모든 키를 내어준 셈이고, 나는 결코 상대가 될 수 없기에 영원히 의심해야만 하는 함정에 빠진다. 이것이 내가 앓고 있는 병이다. 이쯤 되면 내 사랑이 끝난 진짜 이유에 대해서도 다시 한번 생각해 볼 일이다.

서로 좋아하다가 관계가 계속되지 못하고 상대방이 다른 이성으로 옮겨가고 사랑의 대상을 상실하는 것은 대화가 잘 이루어지지 못해서 그런 것이다. 그러한 것을 자세히 살피다 보면 상대편의 마음은 생각지도 않고 일방적으로 자기 자신의 욕구 충족을 위한 도구로 삼는다거나 상대편의 욕구에 대해서 무감각하고 등한히 해서 오는 결과가 대부분이다.

내 이별이 정말 오로지 상대의 치명적인 단점 탓이었을까. 인연이 아니었다는 말로 손쉽게 뭉뚱그려도 되는 것일까. 실은, 언젠가 버림받을지도 모른다는 불안 때문에 먼저 선을 그었던 것은 아닐까. 혹, 상대를 내 허기를 채우기 위한 도구로 본 것은 아닐까. 나 자신에게 너무 골몰한 나머지 상대를 똑바로 보지 못하고, 약자 프레임에 갇혀 유아적인 애정 욕구를 정당화하고 방치했던 날도 있었다. 게다가 이 굶주림의 근원은 무엇인가. 나를 굶긴 건 누구였던가. 부모님? 전 연인들? 천만에. 나였다. 내가 나를 굶겼다. 나에게는 나의 인정과 사랑이 필요하다. 다른 사람에게서 사랑을 구걸하고 있다면, 그것만큼은 하루빨리 멈춰야 한다. 나를 사랑하는 일이 최우선이다.

읽고, 쓰고, 배우면서 나는 그렇게 되기 위해 부단히 노력하고 있다. 이는 사랑에 관한 일그러진 정의를 다시 써나가는 데도 영향을 준다. 세상에 믿을 사람 하나 없다고 말하기 이전에 내가 믿을 만한 사람이 먼저 되어 보기로 했다. 그런 자신을 인정할 수 있다면, 구태여 모든 사람에게 잘 보이지 않아도 괜찮을 테니까. 끝까지 의리를 지키는 영원한 사랑에 대한 희망도 놓지 않을 것이다. 이 오랜 기다림 끝에 사랑과 사람에 기대하는 바가 비슷한 사람을 만나게 된다면, 감사한 마음으로 그를 귀히 여길 것이다. 혹 그 상대를 상실하게 되더라도 최선을 다해 또 한 발 나간 나를 칭찬해 줄 것이다. 사랑? 제대로 해보지도 않고 지레 겁먹지 말자.

함께 읽으면 좋은 책

《도정신치료 입문》 이동식
《현대인과 노이로제》 이동식
《나를 다 안다는 착각》 카렌 호나이

사랑 앞에 솔직해져야 할 때

《우리는 사랑일까》 알랭 드 보통

약한 쪽이 자신을 드러내고, 강한 쪽은 자기를 절제하기 마련이라면, 인터뷰어는 강한 쪽에 있는 셈이다. 그러나 강한 쪽이라면 마키아벨리식 책략에 따라 질문을 해야겠지만, 앨리스는 단지 자신이 드러날까봐 두려워서 질문하는 쪽에 서는 것이었다. 그녀도 누군가와 내면을 나눌 필요가 있었다.

바다 수영이라도 한 건지 온몸이 흠뻑 젖었다. 얼른 몸을 씻고 싶은데 칸막이 하나 없이 개방된 샤워실뿐이다. 심지어 남자고 여자고 할 것 없이 한곳에 모여 씻느라 정신이 없다. 당혹스러움도 잠시, 다들 제 할 일에만 집중하는 모습을 보고 괜히 멋쩍어진다. 민망함에 움츠러든 어깨를 꾸물거리며 윗옷을 벗어볼까 하는데 젖은 옷이 도통 잘 벗겨지지 않는다. 몸에 딱 달라붙은 옷이 마치 내 몸의 일부인 것처럼 끈덕지다. 팔을 요리조리 비틀며 빼보려 하지만 뻣뻣한 관절이 마음대로 되지 않는다. 한참을 끙끙대다 겨우 한 꺼풀 벗었더니, 또 옷이 나온다. 몇 번을 반복했을까. 드디어 속옷이 나왔다. 등 뒤에 손을 뻗어 속옷을 벗으려 했지만, 쉽지 않다. 포기하고 아랫도리부터 벗어보기로 한다. 몇 겹의 바지를 겨우 벗어젖히면 스타킹이 또 몇 개씩 나오는 식이다. 쭈뼛거렸던 처음과 달리, 이제는 제발 알몸이 되어 뜨거운 물줄기를 맞아보면 소원이 없겠다는 심정이다.

눈을 떴다. 익숙한 방 풍경을 몇 초간 응시하고 나서야 꿈이라는 걸 알았다. 이게 무슨 꿈이지. 대수롭지 않게 넘길 만한 내용이 아니었다. 수치심에도 불구하고 그토록 벗고 싶었던 '옷'은 무얼 상징할까. 옷을 입으면 숨기고 싶은 약점을 가리고 나를 보호할 수 있다. 실제 몸에 관한 이야기는 아닐 테고, 아무래도 감정과 관련된 것이려나. 알랭 드 보통은《우리는 사랑일까》에서 '감정적인 벌거벗음'에 대해 이렇게 썼다.

> 감정적인 벌거벗음은 남에게 자신의 약함과 모자란 부분을 드러내는 데서 시작된다.

 남에게 나의 약함과 모자란 부분을 드러내는 일, 그것이 너무 위험하게 느껴진다. 상대의 아주 작은 불편한 반응에도 금세 상처받기 때문이다. 아픈 것도 싫지만, 내 약한 마음을 보기는 더 싫었다. 그래서 상대를 향한 긍정적이고 예쁜 말은 거리낌없이 잘하면서, 아무리 사소해도 부정적인 감정이 드러나는 이야기는 꾹꾹 눌러두곤 한다. 나의 고백이 받아들여지지 않을까 봐 두려워서다.

> 내 필요를 고백할 때는 감정적으로 벌거숭이가 된다. 당신이 없으면 헤매게 될 거라고, 독립적인 사람처럼 보이려 애썼지만 꼭 그렇지도 않으며, 인생의 방향이나 의미도 모르는 형편없이 유약한 인간이라고 고백하는 것이다.

 벗은 나의 몸은 볼품없고, 다치기 쉽다. 무방비하게 있다가 여린 살이 짓이겨지는 감각이 너무도 싫다. 꿈에서조차 결국 나는 속옷을 벗지 못했다. 내 무의식은 내가 감정을 숨기기 위해 얼마나 많은 옷을 겹겹이 껴입고 있는지를 알려주고 있었다. 이런 꿈을 꾼 이유는 명백했다. 또 한 번, 그 알쏭달쏭한 연애라는 것을 시작한 참이었기 때문이다.

연애를 하면서 무른 속을 내보인 적이 없지는 않다. 하지만 그 어떤 강렬하고 애틋한 만남도 결국 끝이 있었다. 내 필요를 들은 누군가는 내가 생각만큼 어른스럽지 않다며 실망했고, 누군가는 자신의 즐거움을 포기하기를 원치 않았다. 또 누군가는 알겠다고 자신 있게 말해놓고, 실은 아무것도 몰라서 내 속만 타들어 갔다. 반응은 다 달랐지만, 내가 발가벗고 서 있는 동안 그들이 말쑥하니 옷을 차려입고 있었다는 것만큼은 같았다. 그러니 용기 내 옷을 벗어봤자 창피함만 밀려왔다. 아, 나의 알몸을 사랑과 이해의 눈으로 봐 줄 나의 아담은 대체 어디에 있단 말인가.

나는 우연에 약했다. '우연'에 내포된 낭만성을 미루어 봤을 때, 그런 상황에 놓이는 것만으로 사랑에 빠질 위험이 존재했다. 그와 나의 만남이 그랬다. 뭐 하나만 어긋났어도 만나지 못했을 인연이었다. 바꿔 말하면 그만큼 접점이 없었다는 뜻이기도 한데, 대화가 은은히 잘 됐다. 뭘 해도 들뜨는 일 없이 덤덤한 그의 표정만 보면 나에게 이성적인 호감이 있는 건지 알 수가 없었다. 그렇지만 그의 연락은 꾸준했다. 그게 또 담백하고 신중해 보였다. 한 살 차이밖에 나지 않는데, 우리는 극존칭을 쓰면서 결혼 전제로 나간 맞선이나 독서모임에서 할 법한 이야기들을 진지하게 나눴다. 정중한 노신사처럼 느긋해 보였던 그의 고백은 의외로 재빨랐다. 그렇게 연인이 된 지 석 달 차. 서로 예의를 깍듯이 지키면서도 보이지 않는 탐색과 관찰이 이어지고 있었다. 설렘도 있었지만, 불안하기도 했다. 또 사랑에 실패할까 봐서였다.

하루는 그에게 나의 무엇이 좋으냐고 물었다. 그는 내가 배려를 잘해줘서 참 고맙다고, 호의를 당연하게 생각하지 않는 점이 좋다고 했다. 알아주니 고맙기는 한데, 어딘지 찜찜했다. 내 안에는 심술궂고 제멋대로인 어린애 같은 면도 있고, 엄격하고 까슬한 면도 있었다. 그는 아직 이런 나를 모른다. 나를 다 알게 돼도 그가 나를 사랑할까? 이 사람의 무덤덤해 보이는 표정과 목소리도 의심스러웠다. 이게 진짜 이 사람의 성격일까? 혹은 나이를 먹을 만큼 먹어서 그런 걸까? 그냥 나에 대한 마음이 크지 않아서가 아닐까? 또다시 의심의 싹이 자라나던 차에 의미심장한 꿈을 꾼 것이다. 꽁꽁 싸매고 있던 옷을 벗어야 할 때가 온 모양이었다.

'하루 종일 내 생각이 난다고? 그걸 내가 어떻게 알아? 나보다 일찍 일어나면서 대낮이 다 되어서야 연락하는데. 나는 아침에 눈 뜨자마자 너 생각부터 나. 근데 나만 그런 것 같아서 섭섭해. 그러면 괜히 나도 더 늦게 연락하게 되는데, 이러다 서로 점점 더 관심에서 멀어지면 어떡해? 그러니까 내 말은, 아침에 눈 뜨자마자 메시지 하나만 보내주면 좋겠다는 거야! 그리고 통화하다 보면 꼭 내가 먼저 얼른 자라고 말하잖아. 왜인 줄 알아? 혼자 남겨지는 기분이 싫어서 그래. 너가 아쉬운 기색 하나 없이 문 딱 닫고 쿨하게 갈 때마다 얼마나 서운한 줄 알아? 모르는 사람한테도 그렇게는 안 하겠어. 좀 신경 쓰는 성의라도 보여라!'

이런 지질한 불만들의 속뜻은 따로 있었다.

'생각보다 난 그리 독립적이지 않아. 사랑 앞에서만큼은, 형편없이 약한 인간이야. 내가 어린애 같아도, 내 두려움과 공포를 줄줄 꿰고 난 뒤에도 날 사랑해 줄래?'

연애 초반마다 겪게 되는 이런 종류의 어려움을 감정적이라는 말로 매도하지 않고, 심리학 이론으로 설명할 수 있다면 어떨까? 도널드 위니캇이 강조한 '영상의 지속성'을 생각해 보자.

보이지 않는 곳에서도 대상의 연속성을 확신하게 하는 요소는 그냥 주어지는 게 아니다. 대상이 눈에서 사라졌다가도 매번 다시 돌아오는 경험을 반복적으로 해야 한다. 장 피아제는 '아기가 일정 연령이 되어야 대상이 시야 밖으로 사라져도 여전히 존재하고 있음을 인지할 수 있다'고 했다. 알랭 드 보통은 '영속성'에 집중하며 이 이론들을 연애 관계에 적용한다.

> 여기서는 대상 영속성이 아닌 사랑의 영속성 문제다. 이 사랑의 영속성이란 무엇인가? 상대가 당장 관심의 징표나 신호를 보내지 않아도 사랑이 지속되리라는 믿음, 상대가 밀라노나 빈에서 주말을 보내더라도 다른 정인과 카푸치노를 마시거나 초콜릿 케이크를 먹지 않으리라는 믿음, 침묵은 단순한 침묵일 뿐 사랑의 종말을 암시하는 게 아니라는 믿음. 앨리스는 에릭의 사랑을 확인하기 위해, 자리를 비운 어머니에 대한 아기의 믿음과 비슷한 신뢰가 필요했다. 당장 보이지 않고 증거가 없어도 매달린 무엇인가가.

신뢰가 구축되기까지 필요한 시간과 방식은 유년기의 경험과 성격, 내력에 영향을 받는다. 그 차이가 클수록 연인 간의 갈등은 잦아진다. 사랑을 확인받아야 하는 간격의 격차가 괜한 오해를 불러일으키는 탓이다.

사랑의 영속성 시나리오는 현수교에 비교할 수도 있다. 다릿기둥은 사랑의 확인을 상징하고, 냉담한 기간은 기둥 사이에 몇 미터씩 늘어진 케이블이다. 두 사람 다 따뜻하고 마음이 열려 있거나 그저 서로가 필요한 경우, 기둥이 촘촘히 박히게 되고, 애정의 신호가 지속되면서 기둥 사이의 케이블이 거의 늘어지지 않는다.

나의 경우, 소설 속 앨리스와 같이 기둥이 훨씬 촘촘히 박혀야 했다. 내 기본 감정은 '당신이 어떻게 날 사랑할 수 있겠어?'였기 때문이다. 그를 신뢰하지 못한다기보다 나 자신을 성실하고 헌신적인 사랑을 받을 만한 사람으로 보지 못했다. 이 낮은 자존감이 나의 오랜 숙제였다. 앨리스와 나 사이에는 많은 공통점이 있었다. 그래서였을까. 그녀가 사랑이라는 수수께끼를 풀어나가는 과정에 빠져들었다. 앨리스는 사랑과 자아 사이의 균형 문제를 어떻게 해결해 나갈까?

앨리스는 감정의 옷을 벗지 못하는 에릭과의 연애를 하면서 그가 그녀를 사랑하지 않는다는 신호를 느끼지만, 결단을 내리지는 못한다. 그러다 필립이라는 새로운 인물을 만나 대화하면서 '자신의 가능성이 애인이 공감해 주는 한도에서만 뻗어나갈 수 있음'을 깨닫는다. 관계의 기반은 상대방의 특성이 아니라 그런 특성이 우리의 자아상에 미치는 영향에 있기 때문이다. 그녀는 자기 초월에 대한 갈망을 사랑으로 풀어내고자 하고, 사랑을 '영혼의 결합' 같은 관계로 본다. 필립은 그런 그녀를 '깊이 많이 느끼는 사람'으로 보았다. 반면 에릭과 함께 있는 앨리스는 '돈을 함부로 쓰고, 지성적이지 않고, 감정적인 데 매달리고, 타인을 귀찮게 하는 의타심 때문에 고생하는 사람'이다. 그녀는 왜 자신을 함부로 대하고, 진짜 그녀의 영혼에는 무관심한 에릭에게 불만을 드러내지 못했을까?

> 불평을 표현하는 행동 뒤에는 상대가 잘못을 빌 거라는 낙관적인 믿음이 깔려 있을 것이다. 불평은 대화에 대한 믿음을 암시한다. 상처를 입긴 했지만, 이쪽이 화난 것을 상대가 이해해줄 수 있으리라는 생각이다.

아무렴, 사소한 불평도 못 하는 관계가 어떻게 사랑일 수 있을까. 그게 안 된다면, 에릭과 앨리스처럼 헤어지는 게 맞았다. 나는 그에게 간밤에 꾼 꿈 이야기와 함께 내가 원하는 바를 적어 보냈다. 긴 답장이 왔다. 솔직하게 말해줘서 고맙다고, 앞으로도 문제가 더 커지기 전에 서로 대화를 나누자는 내용이었다. 그 어떤 변명도, 비난도 없었다. 이 사람에게는 유치한 마음도 내보여도 되는구나. 안심이 됐다. 그게 벌써 반년 전 일이다. 그

후로 그는 매일 아침 메시지 한 통을 보내온다. 자기 전, 통화가 끝날 때쯤이면 아쉽다며 일부러 몇 마디를 더 붙인다. 그의 노골적인 노력 덕분에 나는 사랑의 영속성을 차츰 획득해 나갔다. 지금은 그가 눈에 보이지 않아도 괜찮다.

크고 작은 일들로 부대낄수록 그가 생각보다 훨씬 서툰 사람이라는 걸 알았다. 초반부터 어떤 묵직한 질문을 던지든 진중한 장문의 글을 보내오길래 감정을 다루는 데 능숙한 사람인 줄 알았다. 하지만 내 감정은 차치하고, 자기 것도 잘 몰랐다. 부정적인 감정을 다루는 방식이나 표현법도 달랐다. 다행히 지향점은 비슷했다. 우리는 감정을 직면하고 공유해야 관계가 돈독해질 수 있다고 믿었다. 그간 별거 아닌 일로 싸우기도 하고, 혹여나 상대가 떠나갈까 봐 닭똥 같은 눈물도 몇 번이고 흘려보냈다. 환상이 깨진 만큼 실망도 있었지만, 훨씬 더 친밀해졌다.

그렇다면, 우리는 사랑일까? 미숙한 그와 나는 계속해서 그 답을 찾기 위해 버둥거릴 것 같다. 당최 사랑이 뭘까? 아직도 정의는 모르겠으나 사랑을 위한 필수조건 하나는 확실히 알았다. 사랑을 하려면 발가벗어야 한다. 묵은 때와 콤플렉스, 연약한 생식기까지 드러낼 수 없다면 진짜 사랑을 향한 기대는 접어야 한다. 알몸이 된 서로를 똑바로 보고, 그 꼬질꼬질함까지 품을 수 있을 때 사랑이 한 뼘 더 자라난다. 때가 묻고 땀에 절면 또 씻으면 된다. 뽀송해진 몸 위에 새 옷을 걸치는 그 개운함을 느끼고 싶다면, 일단 벗자. 솔직해지지 못한 채 괴로운 연애를 부여잡고 있는 사람들에게 알랭 드 보통의 《우리는 사랑일까》를 필히 권한다.

함께 읽으면 좋은 책

《왜 나는 너를 사랑하는가》 알랭 드 보통
《참을 수 없는 존재의 가벼움》 밀란 쿤데라
《사랑의 기술》 에리히 프롬

인생 중대사를 결정해야 할 때

《결심이 필요한 순간들》 러셀 로버츠

당신이 일단 미지의 세계에 뛰어들면 상상하지도 못했던 것을 발견하게 될 것이다. 그것은 새로운 세상이 아니라 새로운 경험으로 완전히 달라진 자신이다.

이따금 그는 내게 궁금한 것이 있다고, 그 흔한 이모티콘 하나 없이 정직하게 메시지를 보내왔다. 그날도 그랬다. "통화하고 싶어. 궁금한 게 있는데 퇴근하면 알려줘." 평소 무덤덤한 표정과는 다르게 퍽 다정한 그가 나를 심문할 리 없고, 딱히 잘못한 것도 없는데 왠지 긴장이 됐다. 그는 내게서 또 뭘 발견한 것일까. 퇴근 후 걸려 온 전화 너머로 그는 조심스레 부모님과의 관계를 물어왔다. "갑자기?" 그의 말은 이랬다. 우리 집에서 어떤 부재 같은 것을 느꼈다고. 내가 아무리 집에 늦게 들어가도 연락 한 통 없고, 귀갓길 통화 너머에는 늘 적막뿐이었다고. "에이, 내가 나이가 몇인데. 어렸을 때는 맨날 전화 왔지. 내가 말을 지지리 안 들으니까 포기한 거야. 알아서 잘하니까 날 믿는 것도 있고. 다들 독립적으로 사는 거지."

"그치만, 넓은 집에 혼자 있어도 네 집처럼 안 느껴진다고 했잖아. 집에 바로 안 들어가고 늘 근처 아지트에서 시간을 보낸다는 것도 마음에 걸렸어." 말문이 막혔다. 예전이면 몰라도, 요즘 가족들과는 별문제가 없었다. 그렇지만 집을 안식처로 느끼지 못하는 건 사실이었다. 사연 많은 이들에 비하면 우리 집은 평화롭기 그지없다. 사치스럽다고 여기며 구겨버렸던 내 오랜 갈망을 그는 고이고이 펴서 내 눈앞에 들이민다. 마음에 접힌 자국들을 묻고 또 묻는다. "괜찮아?"

집에서 홀로 고립되었다고 느꼈던 경험들이 떠올랐다. 그가 먼저 물어왔으니 솔직하게 말해도 괜찮지 않을까. 그때의 일들과 함께 온전히 독립된 공간과 시간을 원하는 나의 성향에 관해서도 설명했다. 나와 내 가족의 특성은 우리의 미래와 무관하지 않았기 때문에 나는 그의 생각이 궁금했다. "얘기 들으니까 어때?" 그는 내가 걱정된다고, 그래서 더 알고 싶다고 말했다. 그의 대답에 안도감을 느낀 그 순간, 내가 그간 무얼 찾아 헤맸는지 알게 되었다. '집'이었다. 내가 독립을 하고자 했던 건 나만의 집을 원했기 때문이다. 내가 나로 있어도 괜찮은 집, 까닭 모를 침잠도 기꺼이 허락되는 집을 바랐다. 기왕이면 한 발짝도 나가고 싶지 않을 만큼 따뜻한 집이면 더 좋을 것이다. 그가 내 집이 되어 준다면 어떤 느낌일까.

아주 오랫동안 외로웠다. 그게 외로움인 줄도 모를 만큼, 만성적인 외로움이었다. 그래도, 외로움이나 나이에 쫓겨 결혼하지는 않겠다고 다짐했었다. 지금은 어떤가. 나의 감정을 먼저 물어봐 주는 사람이 곁에 있다. 그는 소통을 무척 중요하게 생각하고, 나는 그런 그가 점점 더 좋아진다. 우리는 초반부터 결혼을 염두에 둔 대화를 나눴고, 비신자인 그는 나와의 혼인성사를 위해 천주교 예비신자 교리를 받고 있다. 내 입에서도 결혼을 암시하는 말이 심심찮게 나온다. 사이가 좋을 때는 이대로 결혼해도 좋겠다고 생각하다가도, 작은 갈등 하나에도 마음이 휘청거린다. 예기치 못한 문제들이 산재해 있을 우리의 앞날이 까마득하다. 그는 정말 나와 잘 맞는 사람일까? 우리가 평생 함께할 수 있을까? 다 떠나서, 과연 내가 결혼생활에 적합한 인간일까? 머리가 복잡하다.

《결심이 필요한 순간들》은 나처럼 인생의 중대한 의사 결정을 두고 갈팡질팡하는 사람들을 위한 책이다. 예를 들어 결혼을 하느냐 마느냐, 한다면 누구와 하느냐, 아이를 가질 것이냐 말 것이냐, 어떤 커리어를 추구할 것이냐, 친구와 가족에게 어느 정도의 시간을 쓸 것이냐, 일상에서 마주치는 윤리적 딜레마를 어떻게 해결할 것이냐와 같은 '답이 없는 문제들'에 대한 길잡이다. 경제학자인 저자는 결혼 전에 결혼의 장단점을 리스트로 만들었던 다윈의 예시로 이야기를 시작한다. 이런 답 없는 문제를 풀어나갈 때도 비용 대비 혜택 분석이나 공리주의가 해답이 될 수 있을까?

> 다이어코니스는 의사 결정을 연구하는 학자가 말했다고 믿기에는 더욱 충격적인 이야기를 한다. 그는 우리가 실제로 비용-혜택 목록을 꼭 만들어 봐야 하지만, 그것이 비용이나 혜택을 합리적으로 평가해 보기 위한 것은 아니라고

말한다. 그는 오히려 '내가 정말로 추구하는 것'이 뭔지 알아내기 위해 목록을 작성해야 한다고 주장한다. 즉 내 마음이 어느 쪽에 있는지 알아보라는 것이다.

합리적인 접근법으로 문제의 답을 내릴 수는 없지만, 스스로 원하는 게 무엇인지는 알 수 있다는 의미였다. 수학자 피트 하인의 '딜레마에 봉착했을 때 결심이 서지 않으면 동전을 던져보라'라는 말도 같은 맥락이다. 동전을 던지자마자 우리는 스스로 무엇을 바라고 있었는지 알게 된다. 그런데 단순히 내 마음이 가는 대로 움직여도 되는 걸까? 그럴 리는 없다. 저자는 고통마저 감내하도록 이끄는 인생의 목적과 의미를 여러 번에 걸쳐 강조한다.

> 대부분의 사람은 그런 일상적 만족 혹은 쾌락의 순간 이상의 것을 바란다. 우리는 목적과 의미를 원한다. 윤리적으로 행동하고 싶다. 친구나 가족과의 유대가 중요하다. 가까운 사람들에게 잘하고 싶다. 그리고 목적과 의미를 갖기 위해서라면, 옳은 일을 하기 위해서라면, 어느 정도의 고통은 기꺼이 감내할 것이다. 우리의 가장 중요한 선택의 중심에는 내가 어떤 사람이고, 나 자신을 어떻게 바라보고, 어떤 길을 갈 것이냐 하는 점이 있다.

그와 결혼한다면 내 삶은 어떻게 달라질까? 일상적 만족과 쾌락은 감소할 확률이 현저히 높다. 지금처럼 어디든 훌쩍 마음대로 떠나지도 못할 거고, 돈을 쓸 때도 제약이 생길 테니까. 사소한 다툼은 많아지고, 설렘은 점점 줄어들겠지? 나와는 다른 그의 생활 방식이 눈에 거슬릴 것이다. 빨래는 왜 이렇게 자주 돌리는 건지, 물건은 왜 자꾸 대량으로 사는 건지, 화장실은 왜 이리 오래 쓰는 건지. 그뿐인가. 내 가족 챙기기도 쉽지 않건만, 그의 가족도 챙겨야 한다. 만약 아이를 낳는다면? 내 건강과 시간, 돈, 커리어까지 포기해야 하는 것투성이다. 내가 가장 무서운 건 감정적인 부분이다. 아이를 낳는다는 건 내 마음이 내 몸 밖을 돌아다니는 느낌이라던데. 으, 벌써부터 심장이 아프다.

여기까지 쓰고 보니 결혼을 왜 하나 싶다. 한데 지금 나에게 평생 독신의 자유냐, 결혼의 족쇄냐를 두고 동전을 던져보라고 한다면? 어이없게도 결혼 쪽이다. 결혼의 좋은 점이 무엇이길래? 책을 읽기 전에는 '안정감'을 기대했다. 하지만 결혼생활이 평온하기만 할 리 없다. 이점 목록에 안정감 대신 '인간적 성장'을 추가해 보면 어떨까? 그러면 해야 할 질문 자체가 바뀐다. '나는 어떤 사람인가? 나의 우선순위는 무엇인가? 일상적 만족과 쾌락이 우선순위인가?' 아니다. 만족한 돼지보다는 불만족한 인간이고 싶다. 삶의 목적과 의미가 중요하다. 그래서 책을 읽고, 쓰고, 만드는 일을 한다. 보이지 않는 신의 존재를 끊임없이 의심하면서도 영성을 찾고 봉사를 한다. 함께 선한 의지를 가지고 성장해 나갈 동반자를 원한다. 결혼 너머에 무엇이 있든지 간에, 그 산을 타보고 싶다. 그렇다면 이 사람이 결혼해도 좋은 상대라는 건 어떻게 알까?

> 할 수만 있다면 가장 친한 친구와 결혼하라. 마음을 터놓을 수 있고, 말없이도 함께 있을 수 있는 그런 사람 말이다. 마음씨가 착한 사람, 뭐가 중요한지(가치관과 원칙) 같은 관점을 지닌 사람, 죽이 잘 맞는 사람, 내가 존중하고 나를 존중하는 사람을 찾으라. 최고의 짝을 찾아야 하는 게 아니다. 옆에서 함께 헤쳐 나갈 수 있는 사람, 이 긴 여정을 공유할 사람이면 된다. 그리고 어쩌면 당신의 결점들을 존중하면서도, 당신이 지금보다 더 나은 사람이 되겠다는 열망을 품을 수 있게 도와줄 사람을 찾을 수도 있을 것이다.

그와는 취향이나 대화 코드가 잘 맞지만, 다툼이 아예 없지는 않았다. 주로, 감정 표현이 다양하지 않은 그에게 내가 서운함을 느끼면서 갈등의 불씨가 생겼다. 나 역시 내 감정을 마주 보는 데 어려움을 느끼다 보니 하고 싶은 말을 바로 전달하지는 못했다. 생각이 명료해지면 '나는 그때 네가 이래서 마음이 이러저러했고, 그러니까 앞으로는 이렇게 해줬으면 좋겠다'고 하나하나 짚었다. 그러면 그는 이제야 이해가 된다며 개운한 얼굴을 했다. 같은 실수를 반복하지 않겠다며 나름 치밀한 전략까지 세워왔다. 나는 그의 불평 한마디에도 저 지하 끝까지 떨어지는데 그는 참 꿋꿋했다. 그런 그를 보며 나도 포기를 포기했다. 문제의 원인을 찾고 변화하려고 노력했다. 시간이 흘러, 이제는 제법 안정기에 접어들었다. 각자 자신에게 부족한 점이 있다는 사실을 인정하고, 더 나은 사람이 되려고 애쓰는 나날이다. 그런 우리가 평생 함께하는 미래는 어떨까? 다른 건 몰라도, 우리는 아마 훨씬 더 괜찮은 사람이 되어 있을 것이다. '나와 함께 성장해 나갈 사람', 그거면 충분하다. 드디어, 결심이 섰다.

어떤 인생 문제들은 정답이 없다. 그래도 괜찮다. 실은 괜찮은 정도가 아니라 눈부시게 아름다운 일이다.

함께 읽으면 좋은 책

《위대한 멈춤》 박승오, 홍승완
《선택이론》 윌리암 글라써
《낭만적 연애와 그 후의 일상》 알랭 드 보통

혼자 동굴에 들어가고 싶을 때

《인생 수업》 엘리자베스 퀴블러 로스, 데이비드 케슬러

우리는 어떤 관계가 지속되지 못하면 그 관계가 실패했다고 여깁니다. 마치 완벽하고 성공적인 삶이란 95년 동안 지속된 삶이라고 생각하는 것처럼, 우리는 성공적이고 완성된 관계란 영원히 지속되는 관계라고 생각합니다. 그러나 실제로는 관계가 단지 6개월 동안 지속되었다 하더라도, 그 관계는 성공적이고 우리 자신을 치유할 수 있습니다. 더 이상 관계가 필요치 않을 때, 관계 그 자체는 성공적으로 완성된 것입니다.

인간은 왜 이렇게 관계에 목을 맬까? 대단히 내성적이었던 어린 시절의 나 역시 늘 누군가와 함께였다. 요즘은 모르는 사람들과 대화하는 것마저 즐기는 편이니 오래 살고 볼 일이다. 물론 하루아침에 갑자기 변한 것은 아니었다. 예전에는 모임 내내 남들 눈에 내가 어떻게 보일지 신경 쓰느라 에너지를 다 낭비하기도 했었다. 집에 돌아오면 나의 언행을 검열하다 진이 다 빠질 정도였다. 한두 살씩 나이를 먹다 보니 다 부질없는 짓이라는 걸 자연스레 알게 되었다. 사람들은 생각보다도 더 타인에게 무관심하거나 관대했다.

친구가 인생의 전부라고 느껴졌던 사춘기 때는 어땠던가. 그때의 나는 종종 친한 친구들의 이름을 쭉 나열해 보는 나만의 의식을 치렀다. 한 명씩 떠올리며 이름을 적다 보면, 자연스럽게 관계의 점성도를 가늠할 수 있었다. 전부 다 똑같이 친한 사이라고 생각했는데도 이름 석 자를 종이에 딱 얹는 순간, 바로 내 마음이 어떤지 알게 되었다. '아, 내가 이 친구를 정말 좋아하는구나.' 그러다 갑자기 마음이 쪼그라들었다. '근데, 그 친구도 나를 그만큼 좋아할까?' 나 혼자만의 짝사랑이라면 너무 슬플 것 같았다. 이런 아이스러운 고민은 꽤 오래 지속되었다. 대다수가 내 집 마련을 꿈꾸는 나이가 되어서까지, 나는 집보다 주저 없이 꼽을 수 있는 절친 한 명이 생기기를 꿈꾸는 종류의 인간이었다.

운 좋게도 친해지고 싶은 친구들을 여럿 만났지만, 나는 타오르는 애정을 어떻게 다뤄야 할지 알지 못했다. 게다가 10대들의 우정은 반이 달라지거나 다른 친구가 나타나는 등의 상황에 쉽게 영향을 받았다. 내성적인 나는 친구를 사귀는 데 오랜 시간이 걸렸고, 조용한 얼굴 뒤에는 강한 독점욕이 숨겨져 있었다. 그래서 친한 친구와의 사이에 새로운 친구가 나타날 때마다 위기감을 느꼈다. 그 친구의 시간과 애정이 쪼개지는 것이 싫었지만 그렇다고 투쟁하고 싶지는 않았다. 애초에 마음이라는 게 그리 공평하게 나눠질 리 없었고, 나는 조금이라도 뺏기면 의미가 없다고 생각했던 것 같다. 소외감과 박탈감을 견디느니 차라리 서서히 멀어지는 편이 낫다고 여기며, 결국 나는 나에게 적극적으로 다가와 주는 친구들과 더 가깝게 지내기를 택했다.

그 시절을 지나온 나에게도 이제는 엄연한 절친이 있다. 안 지는 20년이 훌쩍 넘었지만 진짜 속을 다 내보일 수 있을 만큼 가까워진 건 그리 오래되지 않았다. 우리는 그간 각자의 1순위들을 여럿 떠나보냈다. 그러면서 절묘한 공감대가 형성됐다. 어쩌면 큰 기대나 바람이 없었기 때문에 지금의 관계가 가능했을지도 모르겠다. 우리는 때 맞춰 물 흐르듯 즐거운 일들을 함께

하고, 오늘의 고민을 나눴을 뿐이다. 알면 알수록 그녀는 더 좋은 사람이었다. 서로 다른 점은 배울 만하다고 치켜세워주고, 비슷한 점을 발견할 때는 알아주는 친구가 있다는 데에 고마워했다. 우리는 서서히 물들 듯 가까워졌다.

어디 그 친구뿐이겠는가. 천둥벌거숭이 시절부터 꾸준히 나를 아끼고 의지해 주는 소꿉친구부터 설익은 신앙이나마 함께 다져온 성당 친구들, 유쾌하고 마음 착한 회사 동료들까지…. 내가 조금만 더 부지런해진다면 더 다채롭고 깊은 관계로 나아갈 수 있을 사람들이 참 많다. 내 심장은 사람 사이 맹탕처럼 싱겁던 관계가 차츰 진득하니 짭조름해지는 그 찰나의 순간에 요동쳤다. 내가 기억하는 행복감도 대부분 그런 연결감과 관련이 있었다. 그런데 이상한 일은, 이런 내가 철저히 홀로 되고 싶을 때가 있다는 거였다. 사람이 좋아서 날뛰다가도 언제 그랬냐는 듯 제 발로 동굴로 들어가려는 까닭은 무얼까.

누군가를 기쁘게 해주고 싶어서 새벽까지 편지를 쓰고 선물을 준비하는 것도 나고, 한동안 전화나 메시지를 피해버리는 것도 나였다. 평생 좋아하는 이들과 한마을에 모여 옹기종기 사는 삶을 꿈꾸다가도, 당장 이 땅에서 사라져 버리고 싶다는 무책임한 허무에 빠지는 게 나였다. 물론 어떻게든 견디면 또 긍정의 사이클이 온다. 그런데 그게 다 지겨울 때가 있다. 사라져 버릴 감정에 푹 빠졌다가, 더 깊이 가라앉고 마는 내가 바보 같다. 꼭 무슨 일이 있어서도 아니다. 여느 때와 같은 하루, 별다른 일이 없는데도 이상하리만치 마음이 무너질 때가 있다. 이렇게 돌고 도는 것이 생이겠거니, 이것이 이번 생에 내가 안고 가야만 하는 과제이겠거니 받아들이는 수밖에 없을까. 이게 다 어른이 되어가는 과정일까. 답답하다.

이렇게 철저히 혼자가 되고 싶을 때, 나는 《인생 수업》을 찾는다. 죽음을 앞에 두었던 인생 선배들의 지혜를 듣고 싶어서다. 두 저자가 인터뷰를 통해 엮어낸 이 책에는 인생에서 꼭 배워야 할 것들이 담겨 있다. 삶과 사랑, 관계와 상실, 용서와 치유에 관한 문장들을 읽다 보면 생각을 어지럽히던 불순물이 조금씩 내려앉는다. 다사다난한 일생을 살아낸 이들의 말이 내 등을 다독인다.

> 자기 자신에게 시간을 할애해야 합니다. 사랑하는 사람들과 좋은 시간을 보내는 것도 중요하지만 당신 혼자 있을 때도 근사하게 시간을 쓸 줄 알아야 합니다. 오직 자신과 자신의 행복을 위해 아껴 둔 시간이어야 합니다. 그 시간에는 무슨 영화를 볼지, 무엇을 먹을지, 무엇을 할지 타

협하지 않아도 됩니다. 그 순간 당신은 비로소 진정한 자기 자신이 될 수 있으며, 진정으로 홀로 있을 수 있으며, 자신이 하고 싶은 일을, 하고 싶은 때, 하고 싶은 방식으로 할 수 있습니다.

맞다. 아무리 편한 관계라 할지라도 혼자 있을 때와는 다르다. 어디서 뭘 먹고, 뭘 할지도 함께 조율해야 하고, 언어와 태도도 어느 정도 정제해야 한다. 신경 쓸 게 한둘이 아니다. 그러니 고독이 찾아왔다면, 나만의 시간을 가져보면 어떨까? 나만의 동굴에 들어가 오로지 나를 위한 일을 해보는 것이다. 혼자서 근사한 시간을 보내면서 피로와 부정적인 감정을 해소하자. 내가 잠시 부재한다고 나의 오랜 인연들이 나를 떠나가겠는가. 바쁜가 보다, 사정이 있나 보다 생각할 터였다.

당신은 자신의 영혼에 필요한 영양분을 공급하고 있나요? 자신을 기분 좋게 하기 위해 어떤 노력을 하고 있나요? 자신을 사랑할 때는 스스로를 미소 짓게 만드는 일들로 삶을 채우게 되더라고요. 그러니 우리 모두 사랑하고, 웃고, 배우며 '살자'고요.

혼자가 되었을 때 즐거운 일을 적극적으로 하려면 내가 무엇을 좋아하는지 알고 있어야 한다. 나는 내 기분을 긍정적으로 바꿔주는 '마법의 스위치' 목록을 쭉 써두기로 했다. '커피 원두 냄새 맡기, 극세사 이불 쓰다듬기, 뜨거운 물에 샤워하기, 귀여운 애착 인형 끌어안기, 여행지 물색하고 계획 짜기, 디즈니 OST 듣기, 배우고 싶은 것 찾아보기, 삼겹살에 소주 한잔하기, 독립영화관 가기, 코미디 영화 찾아보기….' 일상에서 나를 단번에 기분 좋아지게 만드는 소소한 순간들을 포착하다 보면 이 리스트도 점차 풍요로워지고, 행복을 알아차리는 빈도도 높아진다. 내가 나를 위해 무언가를 행한다는 사실만으로도 기운이 나기도 한다.

> 이번 생과 같은 생을 또 얻지는 못합니다. 당신은 이 생에서처럼, 이런 방식으로 이런 환경에서, 이런 부모, 아이들, 가족과 또다시 세상을 경험하지는 못합니다. 당신은 결코 다시 이런 친구들을 만나지 못할 것입니다. 다시는 이번 생처럼 경이로움을 지닌 대지를 경험하지 못할 것입니다. 삶의 마지막 순간에 바다와 하늘과 별 또는 사랑하는 사람들을 마지막으로 한 번만 더 볼 수 있게 해달라고 기도하지 마십시오. 지금 그들을 보러 가십시오.

살다 보면 아무리 좋은 문장도 눈에 들어오지 않을 때가 분명히 있다. 그럴 때일수록 나를 챙긴다. 혼자일 때도 좋은 생이라야 관계 맺는 삶의 이로움을 제대로 누릴 수 있다. 그렇지 않으면 타인은 지옥이 되기도 한다. 그런 삶은 죽은 것이다. 나는 그것이 너무 아까워서 이번 생이 다음에 오지 않는 것이 안타깝고 슬퍼서 못 살 정도로 좋은 생을 꾸려나가 볼 작정이다. 홀로 있는 시간이 단절과 외로움이 아니라 회복과 기쁨이 될 때까지. 사랑하는 이들 사이로 다시 나아갈 힘이 날 때까지.

> 사람들은 즐겁지 않은데도 웃고, 본질에 가닿지 않으면서도 화를 내고, 황홀하지 않은데도 새벽을 맞이한다. 가슴이 맞닿지 않는데도 관계를 맺고, 절망적이지만 밥을 먹는다. 죽음은 삶의 가장 큰 상실이 아니다. 가장 큰 상실은 우리가 살아 있는 동안 우리 안에서 어떤 것이 죽어 버리는 것이다. 죽음을 눈앞에 둔 이들은 우리에게 거듭 말하고 있다. '아직 죽지 않은 사람으로 살아가지 말라'고. 죽음의 가장 큰 교훈은 바로 '삶'인 것이다.

지금 나는 바다가 보이는 아담한 숙소에 홀로 앉아 이 글을 쓰고 있다. 나를 기분 좋게 해주려는 노력의 일환이다. 오롯한 나만의 방에서 만나는 책 속 문장은 사뭇 또 다르다. 고독에서 나를 구하는 가장 다정한 위로는 삶과 죽음, 관계의 본질에 집중하는 것일지도 모른다. 살다 보면 일이나 관계, 상황에 휩쓸려 홀로 숨 돌릴 시간이 필요한 날이 있다. 그런 날, 이 책과 함께 훌쩍 떠나보면 어떨까.

함께 읽으면 좋은 책

《그리스인 조르바》 니코스 카잔자키스
《그리고 모든 것이 변했다》 아니타 무르자니
《오티움》 문요한

누군가의 응원이 절실할 때

《어서 오세요, 휴남동 서점입니다》 황보름

저는 일을 계단 같은 것으로 생각했어요. 제일 꼭대기에 도달하기 위해 밟고 올라가는 계단. 하지만 실제 일은 밥 같은 거였어요. 매일 먹는 밥. 내 몸과 마음과 정신과 영혼에 영향을 끼치는 밥요. 세상에는 허겁지겁 먹는 밥이 있고 마음을 다해 정성스레 먹는 밥이 있어요. 나는 이제 소박한 밥을 정성스레 먹는 사람이 되고 싶어요. 나를 위해서요.

《어서 오세요, 휴남동 서점입니다》의 주인공 영주는 '서점을 열어야 한다는 생각 하나로 다른 모든 생각을 쫓아'낼 만큼 강렬한 열망을 가지고 휴남동 서점을 연다. 그리고 서점에서 만나게 된 사람들과의 서사들이 소소하게 펼쳐진다. 가볍게 읽히지만, 다 읽고 나면 신기하게 마음의 무게가 덜어지는 책이다. 나에게 이 소설은 지극히 일상적인 풍경 속에서 판타지가 실현되는 듯한 느낌이라 특별했다. 재미있다기에는 밋밋한 현실 같고, 진짜 현실이라기에는 다소 환상적이다. 소설 속 영주가 좋아한다는 '순진한 희망'이 담긴 소설처럼.

> 영주는 이런 소설을 좋아한다. 아프고 고통스러운 시간을 보내고 있는 누군가가 어렴풋이 보이는 저 너머의 불빛에 의지하며 나아가듯, 그럼에도 불구하고 살아갈 의지를 다지는 소설들, 순진한 희망, 섣부른 희망이 아닌 우리 삶에 남은 마지막 조건으로서의 희망을 말하는 소설들.

이상적인 현실주의자인 나에게는 누군가에게 말하기도 낯부끄러운 낭만이 몇 가지 있다. 예를 들면, '결이 맞는 사람들'이 '우연히' 만나 '서로의 결핍과 필요를 채워주면서' '자연스럽게 치유가 일어나는 공간'의 주인이 되고 싶다는 마음 같은 것이다. 그 공간에는 기분 좋은 커피 향이 배어 있다. 벽면에는 삶의 본질을 찾는 길잡이가 되어주는 책들이 가득하다. 책을 펴 보면 이전 방문객들이 그어놓은 밑줄과 진심 담긴 메모들이 빼곡하다. 마음 맞는 단골 친구들과 매주 독서와 글쓰기 모임을 한다. 주제는 제각각이지만, 그 소실점은 자기 치유를 통한 공존으로 향한다. 잠시 들렀다 가는 여행객들과는 인터뷰하듯 신나게 이야기를 나눈다. '당신은 어쩌다 이곳에 왔나요? 어떤 마음으로 어떤 일을 하나요? 무엇이 당신을 살아가게 하나요? 아니면 하루하루 죽어간다고 느끼게 하나요? 어떤 꿈을 꾸나요? 당신이 자꾸 빠지게 되는 구덩이는 무엇인가요?'

중요한 건, 공간의 온도와 느낌이다. 따뜻하고 편안해서 자꾸 찾게 되는 곳이었으면 좋겠다. 그런 나의 꿈을 빈 벽에 여과 없이 비추어 주는 듯한 이 책이 얼마나 큰 위로가 되었는지 모른다. 이 모든 것이 나만의 공상은 아니라고 말해주는 듯한 문장들이 참 많았다.

> 이제 그녀가 어느 공간을 좋아한다는 건 이런 의미가 되었다. 몸이 그 공간을 긍정하는가. 그 공간에선 나 자신으로 존재하고 있는가. 그 공간에선 내가 나를 소외시키지 않는가. 그 공간에선 내가 나를 아끼고 사랑하는가.

나 역시 나를 소외시키지 않는 공간에서 일할 수 있기를 꿈꿨다. 그 마음이 자주 꺾이는 게 문제였다. 이 책을 읽던 무렵의 내 모습을 떠올려본다. 그때의 나는 연이은 구직 실패로 취업을 포기하고 바리스타 아르바이트를 하는 민준, 그리고 사는 게 아무 재미없다는 얼굴을 한 고등학생 민철과 닮아 있었다. 오로지 취업을 위한 단추를 정성껏 만들었지만 정작 단추를 끼울 구멍이 없다는 사실을 깨달은 민준처럼, 나도 그 좌절과 공허감을 맛본 뒤였다. 번듯한 직장 대신 불안정한 알바 몇 개로 생계를 이어가고 있다는 점도 비슷했다. 민철과는 좋아하는 일도, 잘하는 일도 없어서 어떻게 살아야 할지 막막해한다는 점이 똑같았다. 나는 책 속 여러 인물이 그 두 사람에게 해주는 말들을 열심히 받아 적으며 마음을 다독였다.

"내가 이렇게 사는 것은 어쩔 수 없는 일이니 받아들이고, 자책하거나 슬퍼하지 말고 당당해지자. 딱 떨어지는 결론을 내지 않아도 된다. 무슨 일이든 시작했으면 우선 정성을 다해보는 것이 중요하다. 흔들릴 때는 그저 흔들리지 않는 무언가를 꼭 붙잡자. 한 번에 한 가지에만 집중하자. 하루에 숨통 트이는 시간 10분이라도 확보하자. 아, 살아있어서 이런 기분을 맛보는구나 하고 느끼게 되는 시간."

이상과 현실 사이의 딜레마를 자각하고도 도저히 꿈을 포기할 수 없다면, 그것은 이번 생에 주어진 도전 과제 같은 것일지도 모른다. 차라리 스스로가 그 길을 한 번은 가야 한다고 인정해 버리면 어떨까. 어떤 종류의 꿈을 향해 가든, 외롭고 추운 날들은 있을 수밖에 없다. 그러니 든든한 내 편이 꼭 필요하다. 잘 떠올려 보면 누구나 그런 존재가 한 명쯤은 있을 것이다. 꼭 늘 내 뒤를 든든히 지켜주는 이가 아닐지라도, 어쩌다 마주친 인연이 해준 한마디가 내 평생을 감싸안는 위로가 될 수도 있다. 그런 기억은 두고두고 되새김질할 가치가 있다.

내 기억 속 나의 응원군은 10년 전 돌아가신 외할머니다. 할머니는 일을 나가는 엄마 대신 우리 집에 머물며 나를 돌봐주었다. 그만큼 쌓인 시간과 애정만큼 할머니는 나에게 애틋한 존재였다. 그런 할머니가 뇌 질환으로 갑자기 쓰러져 혼자 힘으로 숨을 쉴 수도, 먹을 수도, 말할 수도 없게 되었을 때 나는 이제까지와는 다른 차원의 무력감을 느꼈다. 생의 마지막 3년을 병원에 꼼짝없이 누워 계셨던 할머니를 위해 내가 할 수 있는 건 병문안뿐이었다. 차가운 형광등 불빛 아래 오매불망 가족들을 기다리고 있을 할머니를 생각하면 아무리 피곤한 날도 발길을 돌릴 수가 없었다. 그런데 막상 병원에 가면, 할머니보다 내가 더 위안을 받았다. 생기를 잃어가는 와중에도, 할머니의 품은 언제나 넉넉하고 따뜻했다.

그 당시 나는 취업 준비 중이었는데, 무엇을 하고 싶은지도 모르면서 여기저기 시험을 치러 다녔다. 잘 알지도 못하는 회사에 꼭 가고 싶다고 자기 최면을 걸고 서류를 준비했다. 그러다 보면 정말로 간절해졌지만, 면접만 가면 그 속내가 들통난 듯 백지가 됐다. 최선을 다해서 살아온 것 같은데, 사회에 나가 보니 나는 아무것도 아니었다. '이 세상에 부적합한 인간 같으니라고. 왜 사나, 과연 살 자격은 있나.' 아마 그런 절망이 밖으로 흘러넘쳐 버린 날이었던 것 같다. 평소에는 과거 추억이나 다른 가족들의 근황 이야기로 쉴 새 없이 조잘거리던 입에서 어두운 속마음이 튀어나오고 말았다.

"요즘 나는 어떻게 지내냐고? 취업 준비 중이야. 근데 할머니, 열심히 한다고 하는데 잘 안되네. 대학만 졸업하면 당연히 어디든 갈 줄 알았거든. 근데 막상 사회에 나가려니까 내가 가진 게 아무것도 없는 것 같아. 여기저기 쓰고는 있는데, 다 떨어졌어. 뭘 어떻게 해야 할지 모르겠어. 다들 달리니까 덩달아 뛰긴 뛰는데, 이게 맞나 싶어서 답답하네."

한 번 터진 말을 멈출 수가 없었다. 병원 안에서 매 순간 죽음을 목도하고 있을 할머니 앞에서 새파랗게 젊은 내가 무슨 배부른 소리를 하고 있나. 어느새 볼을 타고 흐르는 눈물을 허겁지겁 닦아냈다. 할머니는 팔자 눈썹을 하고 가만히 나를 바라봤다. 그러다가 오른쪽 검지를 내 손바닥 위에 가져다 대고는 천천히 한 글자씩 써나갔다.

'너 하고 싶은 것 하고 살아라.'

그날 나는 할머니의 손을 붙잡고 한참을 더 울어버렸다. 우리 강아지는 뭐든 할 수 있으니 포기하지 말라거나 어째 인재를 못 알아보냐는 식의 반응이었다면 나는 씩씩한 척밖에는 할 수 없었을 것이다. '하고 싶은 것'을 하라니. 아마 그보다 더 나를 꿰뚫어 보는 말은 없었을 것이다. 그로부터 몇 개월 뒤 할머니는 홀연히 세상을 떠났다. 나는 그 말을 할머니가 나에게 남긴 유언이라고 여기며 산다. 기대만큼 살아지지 않아서 의기소침해질 때마다, 하고 싶은 대로 살아도 되나 망설여질 때마다 그 순간을 떠올린다. 뭉툭한 할머니의 손끝이 내 손에 닿던 감촉과 따뜻하면서도 단호했던 그 눈빛까지.

그림처럼 남아있는 그 모습도 시간이 지나면 어렴풋해질 것이다. 누군가는 아직 그런 지원군을 만나지 못했을 수도 있다.

그런 이들에게《어서 오세요, 휴남동 서점입니다》를 권한다. 배탈 난 손녀의 배를 문질러주는 할머니의 다정한 손처럼, 이 책이 당신을 어루만져 줄 것이다. 누구든 자기혐오에 빠지거나 마음의 표피가 얇아질 때가 있다. 그럴 때 이 책 속 문장들을 약처럼 삼켜 보기를.

> 책을 덮으며 생각했어요. 내가 부족한 사람이라는 생각에만 골몰하지 말자. 그럼에도 내겐 여전히 기회가 있지 않은가. 부족한 나도 여전히 선한 행동, 선한 말을 할 수 있지 않은가. 실망스러운 나도 아주, 아주 가끔은 좋은 사람이 될 수 있지 않은가 하고요.

함께 읽으면 좋은 책

《사적인 서점이지만 공공연하게》정지혜
《불안구슬》한솔
《하지 않는 삶》히조

포기하지 않고 나아가야 할 때

《작은 눈덩이의 꿈》 이재경

작은 눈덩이가 물었어요. "아저씨는 어떻게 그렇게 커요?" 큰 눈덩이가 웃으며 대답했어요. "멈추지 않고 계속 굴렀기 때문이지." 작은 눈덩이는 큰 눈덩이가 지나간 길을 한참 동안 바라보았어요. 그러고는 큰 눈덩이처럼 구르기로 마음먹었어요.

금요일마다 재택근무를 하는 회사 방침 덕에 요즘 나는 종종 여행지에 가서 휴식과 근무를 동시에 하는 워케이션을 즐기곤 한다. 쉬는 것도 일처럼 계획을 세워 '실행'하기 바빴던 내가 처음 워케이션을 알게 된 것은 2023년 여름이었다. 내가 참여했던 건 청년지원사업의 일환으로, 해당 지역의 청년 로컬 크리에이터 회사가 제공하는 10박 11일간의 프로그램이었다. 나는 운 좋게도 강릉과 공주에서 지낼 기회를 얻었다. 총 3주 동안 로컬 브랜딩 강의나 워크숍을 듣고, 틈틈이 투어도 다니면서 새로운 지역에서의 삶을 그려봤다. 특히, 지역마다 자신의 개성과 소신을 살린 브랜드를 만들어 운영하는 사람들의 이야기가 흥미로웠다. 바다에 버려진 유리 조각으로 만드는 주얼리 스튜디오, 가족이 살던 한옥을 리뉴얼한 팜크닉 공간, 책과 맥주를 파는 아담한 작업실, 토종 곡물을 브랜딩한 카페 등, 그 규모나 콘셉트는 다 달랐지만 자기만의 자리를 지키며 일하는 사람들이 반짝반짝 빛나 보였다. 나도 언젠가는 이들처럼 커리어를 만들어 갈 수 있을까 하는 마음에 가슴이 일렁거렸다.

강릉에 간지 딱 1주일이 되던 날, 엄마로부터 오랜만에 전화가 왔다. 엄마는 다짜고짜 청년들이 참여할 만한 치유 프로그램이 없겠느냐고 물어왔다. 갑자기 무슨 이야기인고 하니, 오래 알고 지낸 지인이 찾아와 심리 장애를 앓고 있는 한 청년의 이야기를 했단다. 담당 의사가 병원 치료 외의 활동을 제안했다고 하니 엄마는 시골에 들어가 명상, 비폭력대화, 글쓰기를 하면서 도 닦듯 지내고 있는 딸을 떠올린 것이다. '그 친구도 너처럼 공기 좋은 곳에 머물며 사람들과 소통도 할 수 있으면 얼마나 좋겠냐'라는 엄마의 목소리에 안타까움이 묻어났다. 나도 동의하는 바였지만, 딱히 떠오르는 것이 없었다. "근데 여기도 뭐가 마땅치가 않아. 치유 프로그램이야 있겠지만, 직접 가본 게 아니니까 추천하기도 좀 그렇고. 괜히 상처라도 받을까 봐 조심스럽네."

주변만 봐도 아픈 사람들이 넘쳐나는데, 실질적인 돌파구는 많지 않다며 서로 몇 마디를 주고받다 전화를 끊었다. 마침, 지나온 인생을 더듬으면서 과거에 해왔던 일과 앞으로 하고 싶은 일들을 정리하느라 머리를 쥐어짜고 있던 차였다. 비슷한 고민을 안고 있는 룸메이트와 대화를 하던 중이었기 때문에 나는 바로 통화 내용을 화두에 올렸다. "정신과 진료나 상담 같은 전문적인 치료 말고, 마음이 아픈 청년들이 서로 도울 방법은 없나?"

퇴사 전부터 내 마음은 '치유'라는 키워드에 반응하고 있었다. 독서치료나 치유 글쓰기, 에니어그램 등에 관심이 갔다. 그러다 아예 상담심리학 쪽으로 진로를 틀어 볼까 하고 학사 편

입을 했다. 그런데 기초 이론 강의를 들으면서도, 자꾸 걱정이 달라붙었다. '내가 이 어려운 공부를 잘 해낼 수 있을까? 상담 일이 적성에 안 맞으면 어떡하지? 과연 타인의 마음을 치유할 능력이 나에게 있을까? 밥벌이는 할 수 있을까?' 대학원 진학을 바로 준비하지 않고 시골로 내려간 데에도 '상담 전문가'라는 역할을 잘 해낼 수 있을지에 대한 자기 의심이 있었다.

어쨌거나 울주에 내려가서도 상담심리학 공부는 계속되었다. 그곳에서 다양한 사람들을 만나 관계를 맺으면서 내가 타인의 고유한 삶에 호기심이 있다는 것은 확실히 알았다. 특히, 마음에 구멍이 송송 뚫린 청년들의 이야기를 듣게 되는 날에는 꼭 밤새워 대화를 나누곤 했다. 내가 여행자처럼 살고 있어서였을까. 가슴에 품어두었던 게스트하우스나 작은 서점, 바 같은 공간 운영에 대한 로망이 피어났다. 내 꿈은 마음 둘 곳 없는 인생 여행자들이 치유의 실마리나 동력을 얻어갈 수 있는 공간을 지키는 일에 가까웠다. 본질은 사람에게 아랫목처럼 따뜻한 마음자리를 내어주고 싶다는 마음이지, 처음부터 학위와 시험, 자격증이 보장해 주는 전문성이 목표는 아니었다. 서로가 가진 구멍에 숨을 불어넣어 주거나 빽빽이 들어찬 가슴에 빈 공간 하나만 만들 수 있어도 충분했다. 내가 울주에서 만난 룸메이트와 살면서 온몸으로 체험한 일이 바로 그것이었다.

옆에 맞장구쳐주는 사람도 있겠다, 갑자기 막 의욕이 샘솟았다. 비현실적이라는 생각에 함부로 털어놓지 못했던 말들이 쏟아져 나왔다. "소통의 장을 열어보는 사업을 같이 만들어볼까? 사업성이 있든 없든 하고 싶은 걸 하나씩 만들어보면 어때?" 우리는 각자의 침대에 누워 한참을 떠들었다. 흥분이 가라앉고 나니 허무맹랑한 아이디어들이 허공에 흩뿌려지는 것 같아서 살짝 기운이 빠졌다. 이럴 때 내가 꺼내 읽는 그림책이 있다.《작은 눈덩이의 꿈》이다.

아주아주 큰 눈덩이처럼 되고 싶은 꼬마 눈덩이가 있다. 큰 눈덩이가 되려면 멈추지 않고 계속 굴러야 한다는 말을 가슴에 품고 작은 눈덩이는 구르고 또 구른다. 구르기만 하면 되는데, 너무 쉬운 거 아니냐고? 천만에. 눈덩이들은 원래 녹아 없어지는 존재라며 잠이나 자자는 나태의 꾀임, 큰 눈덩이의 일부가 되어버리라는 안일함의 유혹, 그리고 과거의 영광을 추억할 뿐 더 이상 삶의 희망을 찾지 못하는 비관주의의 유혹을 모두 이겨내야 한다. 그 모든 것을 뿌리치고 작은 눈덩이는 스스로 구르기를 택한다.

"힘들게 구르지 말고 다른 눈덩이 몸에 붙어살까?"
"그러면 네가 원하는 대로 구를 수가 없잖아."

"맞아. 내 힘으로 굴러야 내가 정말 가고 싶은 곳을 알 수 있어."

계속 구르고 또 구른 작은 눈덩이는 자기도 모르는 새에 꿈을 이룬 뒤 이렇게 말한다.

"난 계속 굴렀을 뿐이야. 내가 가고 싶은 곳으로."

가만히 앉아서 아이디어만 짜봤자 아무 일도 일어나지 않는 게 당연했다. 굴러야 했다. 워케이션에 다녀오고 나서도 몇 개월을 헤맸다. 그사이에 다른 사람의 꿈에 편승하고 싶은 유혹도 있었고, 대충 살아버릴까 하는 유혹도 있었다. 더디다 할지라도 포기하지는 않았다. 그렇게 여기저기 구르고 부딪히다 우연찮게 가고 싶은 곳을 발견했다. 누구나 작가가 될 수 있다는 철학과 창작자 마인드를 가진 출판사였다. 이곳에서 함께 일하고 싶은 사람들도 만났다. 그 후로는 그냥 매일매일 마음껏 굴러다니는 중이다.

우리는 "제 원고가 책으로 출판될 수 있을까요?"라고 묻는 사람들에게 "누구나 책 한 권의 인생은 살았으니까요." 하고 답한다. 그리고 최선을 다해 원석을 다듬는다. 문예 창작, 순수미술, 디자인, 공연예술, 음악, 철학, 공학에 이르기까지 다양한 배경과 개성을 가진 창작자들이 이 과정에 협력하고 있다. 조금이라도 더 좋은 책을 만들기 위해 고군분투하는 나날이다. 요즘은 글을 쓰면서 미처 알지 못했던 작가님들의 마음에 한층 더 가까워진다. 쓸수록 알게 된다. 호불호나 완성도는 다 다르겠지만, 귀하지 않은 글이 없다는 것을.

편집만큼이나 내가 좋아하는 작업은 작가님들과의 인터뷰다. 첫 독자로서 책과 관련된 심층적인 이야기와 미처 담지 못한 깊은 인생사까지 들을 수 있어서다. 처음에는 인터뷰를 부담스러워하는 분들도 계시지만, 대화를 나누다 보면 언제 그랬냐는 듯 경계심과 어색함이 차츰 사라지는 게 눈에 보인다. 몰입해서 이야기를 듣다 보면 한두 시간이 훌쩍 지나간다. 물론 누군가를 알기에는 턱 없이 짧은 시간이다. 하지만 원고를 편집하고 몇 번이고 검토하는 과정에서 내 안에는 일방적인 내적 친밀감이 생기고 만다. 그 덕에 나의 질문은 보다 사적이고, 내밀해진다. 양질의 질문 리스트를 토대로 인터뷰를 하고 나면 책이 다 같은 책이 아니게 된다. 그 작가님만의 삶과 가치관, 집요한 열정과 목적의식이라는 세포로 이루어진 살아있는 '사람책'으로 대하게 된다. 알게 될수록, 더 잘 해드리고 싶다는 선순환이 일어난다.

우리 회사 메일 주소에는 팀원들 각자의 정체성이 담겨 있다. 편집장님이 면접 날 느꼈던 첫인상에 따라 단어를 정해주는데, 나는 'heal'이라는 아이디를 받았다. 면접 때 상담대학원을 준비 중이라는 이야기를 했기 때문일 것이다. 그런데 아이러니하게도, 이 회사에서 우연찮게 진로를 찾아버리는 바람에 상담 공부는 잠정 보류하게 되었다. 그럼에도 나는 이 단어가 여전히 나를 잘 보여준다고 생각한다. 내가 관심을 두었던 상담심리학, 게스트하우스, 인터뷰, 글쓰기 사이에는 '소통을 통한 연결', 좀 더 나아가 '치유'를 지향한다는 공통점이 있다. 3년 전에 기록해 둔 글을 보면, 내가 상담 공부를 깔끔하게 접고 입사를 결심할 수 있었던 이유가 고스란히 담겨 있다.

> 잘 사는 것이 곧 잘 죽는 것이라 한다. 웰다잉의 관점에서 자신만의 이야기를 기록하는 일을 돕고 싶다는 목소리가 들려온다. 치유, 삶과 죽음, 본질, 그리고 공감. 사람은 태어나자마자 삶과 죽음의 여정을 동시에 걷는다. 모든 사람에게는 각자의 이야기가 있기에 누구나 기록할 수 있다. 이 세상 모든 사람이 기록했으면 좋겠다. 남에게 보여주기 이전에 스스로가 가장 중요한 독자가 되어주는 글 말이다.

누구나 작가가 될 수 있도록 돕는 이 회사와 내 꿈 사이에는 명백하게 교차하는 지점이 있다. 나는 그중에서도, 자신의 치유를 위해 책을 써보시라고 사람들을 부추기고 싶다. 아마 팀원 개개인의 창작 DNA를 극대화하도록 독려하는 이 회사에서라면 혼자 갈 때보다 훨씬 더 높은 가능성으로 무언가가 일어날 것 같은 예감이 든다.

언어로 나를 명명하는 일은 꽤 강력해서 작가님이나 동료들과 소통할 때든, 새로운 기획을 할 때든, 개인 프로젝트로 글을 쓸 때든 내 정체감을 상기하게 된다. 내 삶의 모토와 방향성을 직장에서 마음껏 펼칠 수 있다는 게 꿈 같다. 아무쪼록 더 많은 사람들이 잃어버린 자기를 찾고 행복해지도록 돕는 일을 해 나가고 싶다. 이 꿈을 이루려면 수많은 유혹을 이겨내야 할 테지만, 작은 눈덩이 곁에 있어 준 까마귀 같은 존재들과 함께 열심히 구르다 보면 언젠가는 아주 크고 둥근 눈덩이가 될 수 있지 않을까.

함께 읽으면 좋은 책

《미운 오리 새끼를 읽은 아기 오리 삼 남매》 곽민수, 조미자
《블랙 독》 레비 핀폴드
《바다가 보고 싶었던 개구리》 기 빌루

스스로 삶을 돌봐야 할 때

《글쓰기의 최전선》 은유

약자는 달리 약자가 아니다. 자기 삶을 설명할 수 있는 언어를 갖지 못할 때 누구나 약자다. 자기 언어가 없으면 삶의 지분도 줄어든다. 어쩌면 글감의 빈곤은 존재의 빈곤이고, 존재의 빈곤은 존재의 외면일지 모른다. 글감의 광맥은 '나'에게 있고 '나'란 관계의 앙상블이다. 글쓰기는 '나'와 '삶'의 한계를 흔드는 일에서부터 시작해야 한다.

글을 쓰기 시작한 이유는 딱 하나였다. 가슴에 가득 들어찬 무언가를 끄집어내지 않고는 견딜 수가 없었기 때문이다. '무언가'의 정체를 가늠할 수 없어서 아침에 눈을 뜨자마자 공책에 글을 휘갈겨 썼다. 1시간을 내리쓰다 보면 세 페이지가 깨알 같은 글씨로 꽉 찼다. 어제 겪은 일에서 올라오는 분노, 오늘 할 일에 대한 걱정, 내일을 향한 무망감이 엎치락뒤치락했다. 글을 쓴다고 눈앞의 문제가 해결되거나 현실이 바뀌지는 않았다. 글쓰기는 내가 주로 분노와 무기력, 그리고 불안이라는 감정을 느끼고 있다는 사실을 가감 없이 보여줬다. 엿가락처럼 글을 쫙쫙 뽑아내기만 하면 무엇이 나를 고통스럽게 하는지가 선명해졌다. 오로지 나를 위한 글을 쓰면서 모처럼 나는 자유로워졌다. 좀처럼 지나쳐지지 않는 일과 부정적인 감정들이 힘들이지 않고도 수면 위로 떠올랐다. 뒤엉킨 생각의 실타래가 하나씩 풀리자 해결해야 할 문제들이 보였다.

그래서 계속 글을 퍼 올렸다. 매일의 마음을 기록했고 치유 글쓰기 수업에도 참여했다. 그때의 쓰기는 어렵지 않았다. 흘러나오는 말을 활자에 담아내기만 하면 되었으니까. 치유 글쓰기의 동력이 사적인 고통이었기 때문일까. 쓸수록 점차 글감이 떨어졌다. 나의 괴로움이 밖으로 새어 나오지 않아도 될 정도로 가벼워졌다는 뜻이므로 자축할 만한 일이었다. 그렇지만 나의 쓰기가 쓸모를 잃었다는 사실이 씁쓸했다. 그때 자각했다. 내 이야기가 누군가에게 가닿기를 바라는 이 마음을.

그런 욕망의 실현이 아득하게만 느껴졌다. 누군가에게 내보이기에 내 글은 충분치가 않았으니까. 정말 글다운 글이라야 한다고, 훨씬 더 깊고 섬세한 시각이 필요하다고 생각했다. 그즈음부터 글쓰기 강좌를 조금씩 찾아 들었다. 일회성 강의부터 한두 달 이상의 커리큘럼으로 된 수업도 있었다. 그런데 시간이 갈수록 글쓰기는 더 어려워졌다. 욕심이 나를 주저앉혔다. 대단한 작가가 되고 싶은 것도 아니고, 특출난 재능이 있는 것도 아니다. 그래, 생업도 아닌 글쓰기를 꼭 배워야 할까? 아니, 질문이 틀렸다. 나는 왜 쓸까? 대체 어떤 글을 쓰고 싶은 걸까?

《글쓰기의 최전선》은 나처럼 글쓰기에 대한 고민이 있는 사람들에게 건네는 지침서다. 은유 작가는 이 책을 '나의 좋음이 남의 좋음으로 연결될 수 있을지에 대한 작은 실험'이라고 했다. 그녀 역시 삶의 복잡한 문제에 치여 자주 화가 나 있는 사람처럼 굴던 때, 글을 쓰면서 마음의 평정을 되찾았다고 한다.

> 훌륭하게 사는 일은 어렵고 친절하게 살고 싶었던 나로선 꿈을 이뤄가는 기분이었다. 나만 좋으면 아까우니까 글쓰

기 수업을 열었고 그 여정을 기록해 《글쓰기의 최전선》을 펴냈다. 이 책을 읽은 독자들은 고백했다. 용기 내어 제 글을 쓰기 시작했다고, 글쓰기를 배우려다 인생을 배웠다고, 사랑하는 사람에게 선물했다고. 글쓰기로 자신과 화해를 이룬 이들의 경험을 엮어 나는 이렇게 쓴다. "삶은 글을 낳고 글은 삶을 돌본다."

나 역시 살아내기 위해 썼고, 그렇게 살아낸 하루를 또다시 썼다. 그 행위가 내 삶을 돌봤다. 무작정 타인을 향해 터뜨려버리거나 스스로를 완전히 망가뜨리지 않도록, 몇 번이고 나를 구했다. 내가 경험한 쓰기의 좋은 점을 알리고, 함께 쓰자고 말하고 싶었다. 비범한 능력이 없더라도 누구든 자신의 감정과 생각을 언어화할 수 있다. 그것은 오직 자기 자신만이 할 수 있는 일이다. 그러니 자기 돌봄의 수단으로 글을 쓰자고 이야기하고 싶었다. 내게 필요한 건 이 의도를 잘 전달하는 쓰기였다. 은유 작가는 '문제의식이 없는 글은 요란한 빈 수레와 다름없고, 글이란 또 다른 생각을 불러오는 대화와 소통 수단이어야 한다'고 썼다.

나의 문제의식은 기계적으로 돌아가는 내 일상을 점검하는 데서부터 시작되었다. '나는 매일 무엇을 반복하고 있는가. 어떤 감정을 느끼고 있는가. 이 감정은 어떤 자극과 생각으로부터 왔는가. 알면서도 왜 같은 구덩이에 계속 빠지고 마는가. 이대로 살고 싶은가. 그게 아니라면, 도대체 어떻게 살고 싶은가. 그러려면 무엇을 버리고, 또 취해야 하는가.' 이 책은 '나'에 대한 문제의식을 글로 풀어내는 과정이었다. 그렇지만 나 혼자만 알아들을 수 있는 글은 곤란했다. 소통을 원했다. 그래서 퇴근 후에도, 쉬는 날에도 머리를 쥐어뜯으며 설익은 자기 성찰과 긍정화로 글을 마감하려는 유혹에서 나를 건져내고 또 건져냈다. 내가 발견한 나의 좋음과 나의 정체성에 대해 필사적으로 쓰면서 내 글을 담금질했다.

> 천 개의 삶이 있다면 도덕도 천 개여야 한다. 자기의 좋음을 각자 질문하면서 스스로 자신을 정의할 수 있는 힘을 갖는 게 중요하다. 작가는 그것을 촉발해야 한다. 삶에 존재하는 무수한 "차이를 보편으로 환원하는 것이 아니라, 차이로부터 기존의 보편을 끊임없이 해체하고 재구성"하는 글이 생명력을 갖는다.

쓰면서 수없이 실망했고, 여러 번 다시 썼다. 모자라고 어설픈 글은 나를 닮아 있었다. 하지만 글이 조금씩 나아진 것처럼 나도 그랬다. 내가 쓴 글이 곧 나였다. 그래서 앞으로도 쓰는 사람이고 싶다. 내 삶의 최전선에서 어떤 글을, 무엇을 위해 쓰는지 질문하면서 치열하게 글을 써나가겠다. 글을 쓰는 시간이 단순히 내 정체성의 재확인이 아니라 '다른 내가 될 수 있는 가능성'이자 '내가 무엇을 할 수 있는지를 알아가고 발견하는 시간'이 될 때까지. 나는 더 많은 이들이 함께 질문했으면 좋겠다. 당신에게 '좋음'이란 무엇인가. 당신은 어떤 사람인가. 앞으로 어떤 이가 되고 싶은가.

함께 읽으면 좋은 책

《상처입은 당신에게 글쓰기를 권합니다》 박미라
《뼛속까지 내려가서 써라》 나탈리 골드버그
《쓰기의 말들》 은유

자신만의 이야기를 써야 할 때

《데미안》 헤르만 헤세

각자를 위한 진정한 천직이란 자기 자신에 도달하는 단 한 가지뿐이다. 그가 설령 시인이나 미치광이나 예언자나 심지어 범죄자로 일생을 끝낸다 해도 좋다. 그것은 문제가 되지 않을뿐더러, 그리 중대한 일은 아닌 것이다. 그의 가장 본질인 문제는 임의의 것이 아닌 자기 자신의 운명을 발견하는 데 있으며, 그 운명을 자신의 내부에서 송두리째, 그리고 온전하게 끝까지 지켜내는 일이다.

이 책을 쓰는 작업은 살아온 날들의 파편을 살뜰히 주워 모으는 과정이었다. 스무 조각을 한 데 놓고 맞추면 어떤 그림이 될지, 쓰면서도 알 수 없었다. 길지 않은 인생이었음에도 나라는 존재를 조망하기에 내 시야는 턱없이 좁았다. 그래서 첫 기억에서부터 서른일곱까지의 기억을 고루 더듬었다. 그중, 무기력을 느끼는 자아를 처음 자각한 서른 이후부터가 진짜 내 이야기라고 생각했다. 그래서 첫 책으로《나는 왜 무기력을 되풀이하는가》를 택했다. 그때를 기점으로 나의 지난한 자아 발굴기가 시작되었다. 내가 걸어온 길 아래에 혹시 쓸 만한 유물이라도 있을까 싶어 부지런히 땅을 팠다. 그리고 드디어 마지막 책《데미안》에 다다랐다. 헤세는 머리말에서 이렇게 썼다.

> 삶은 저마다 자아를 향해 가는 길이며, 그 길을 추구해가는 과정이다. 삶은 자기 자신에게 도달하고자 끊임없이 추구하는 좁은 길에 대한 암시다.

　만약 책을 쓴다면, 그 주제는 나 자신에 관한 것이라야 했다. 그게 가장 쉬울 줄 알았다. 막상 해보니 만만치가 않았다. 신체적인 피로감이나 필력 미달로 인한 회의감은 부차적인 괴로움이었다. 과거에 미처 주워 담지 못한 마음이 튀어나올 때마다 암전이 찾아왔다. 글쓰기가 몇 번이고 나를 울렸다. 생각이 뒤

죽박죽 엉켜 있을 때 쓴 글은 자기 모순적이었고, 타인에게는 몹시 불친절했다. 아직도 갈 길이 멀다는 사실을 절감하는 시간이었다. 그래도 계속 썼다. 이번에 어떻게든 뚫고 나가지 않으면 영영 내가 될 수 없을 것 같아서였다. 가만, 내가 될 수 없을 것 같다니, 그럼 지금까지 존재한 나는 누구란 말인가?

> 일찍이 어느 누구도 완전히 자기 자신이 되어본 적이 없었음에도 누구나 자기 자신이 되려고 애쓴다. 어떤 이는 다소 서투르게, 어떤 이는 좀 더 투명하게, 자기의 힘이 닿는 만큼 최선의 노력을 다한다.

오래전부터 나의 존재 이유가 궁금했다. 그게 알고 싶어서 서툴지만 최선을 다해 뭔가가 되려고 애썼다. 나는 왜 태어났을까. 무얼 찾으러 이곳에 왔을까. 그것은 오래도록 부모님의 절대적인 사랑이었다가, 한동안은 또래들과의 우정으로 옮아갔다. 육적인 사랑과 성취에 한참 목을 맸다가, 신 앞에 엎드려 그 답을 구하려고도 했었다. 돌고 돌아 다시 거울 앞에 선 내 모습이 낯설었다. 아빠를 많이 닮았다고 여겼는데, 어느 날은 천진한 엄마 같기도 했다. 오랜 친구들과 지나간 연인들의 표정도 조금씩 묻어 있었다. 친숙한 듯 낯설었다. 그럭저럭 괜찮은 얼굴이었지만, 그건 내가 아니었다. 이상했다. 난 대체 무얼 찾아 헤매는 걸까.

> 모든 사람들은 생애에 단 한 번 숙명적인 죽음과 새로운 탄생을 경험한다.

분명 나는 나로 태어났다. 하지만 나를 찾아야 할 것 같은 기분에 시달렸다. 뭐라도 채워야 할 것 같아서 끊임없이 애를 쓰다 도리어 더 길을 잃었다. 내가 아닌 것들을 덜어내고 싶었다. 책을 읽고 한 편씩 글을 완성해 나갈 때마다 꽉 쥐고 있던 손에서 서서히 힘이 빠졌다. 자존심, 열등감, 미움, 질투, 슬픔, 자기연민, 집착, 애욕, 교만, 위선, 완벽주의…. 나는 너무 많은 것을 쥐고 있었다. 그 사이로 흘러나온 것들의 기원은 모두 같았다. 나를 알지 못하는 데서 오는 두려움이었다.

> 사람은 흔히들 자기 자신과 일치하지 않을 때 두려움을 느끼지. 그들은 결코 자기 자신을 알지 못했기 때문에 두려움을 느끼는 거야.

이대로 나를 알지 못한 채 죽게 될까 봐 겁이 났다. 그래서 서둘러 무엇이라도 되려고 했다. 부모님에게 귀한 자식이 되려고, 떼려야 뗄 수 없는 각별한 친구가 되려고, 능력 있는 사회인이 되려고, 매력적인 연인이 되려고, 선한 신의 자녀가 되려고 몸부림쳤다. 그럴수록 나는 타인에게, 혹은 내가 만든 기준에 지배당할 뿐이었다. 존재의 닻을 외부에 내리려고 했으니 내가 될 수 없는 것은 당연했다. 애먼 곳에서 건져낸 그물에는 쓰레기와 고물이 가득했다. 다시 닻을 올려야 했다.

> 우리들은 공인된 것과 금지된 것을 스스로의 힘으로 찾아야 하는 거야. 스스로 자신의 생각을 판정해내는 데 안일한 사람은 있는 그대로의 금지된 것에 복종하고 말지.

카인은 성경 속 최초의 살인자다. 데미안은 카인에 대한 남다른 상상력으로 싱클레어의 내면에 파문을 일으킨다. 신실한 부모님의 품에서 자라난 싱클레어에게 데미안은 대단히 위험한 존재로 보였을 것이다. 서른 무렵에만 해도 나는 싱클레어와 크게 다르지 않았다. 선과 악에 대한 관념이나 성경적 해석의 틀 때문에 데미안이 한 말을 어떻게 받아들여야 할지 혼란스러웠다. 하지만 최근에 다시 읽은 데미안은 달랐다. 카인에 대한 데미안의 해석이 '나 자신이 되지 못하게 하는 모든 것'의 상징으로 읽혔다. 그는 내게 이렇게 말하는 듯했다. '복종과 순응은 죽은 삶이야. 스스로 질문하고 선택하는 생으로 부활해야 해!'

책을 읽고 내면을 풀어헤치는 글을 쓰는 목표는 진짜 나를 만나는 일이었다. 그러려면 꼭 넘어야 할 산이 있었다. 그 산은 바로 내 세계나 다름없던 부모님이었다. 아니나 다를까, 벌거벗는 심정으로 글을 쓰면서 내가 제일 의식한 존재는 부모님이었다. 내 솔직함이 사랑하는 이들을 아프게 만들까 봐, 갈등을 부를까 봐 걱정됐다. 그래서 여러 번 썼다가 지우기를 반복했다. 하지만 부모님과 얽힌 이야기들을 빼놓고서는 '나'를 말할 수는 없었기에 결국 썼다. 글을 쓰면서 내 고민은 조금씩 변형되어 갔다. 이전에는 부모님에게서 받은 상처나 사사로운 감정이 내 발목을 붙잡았지만, 내 주관이 뚜렷해질수록 붕 뜬 관찰자가 되어 버리는 문제가 생겼다. 부모님이 평생에 걸쳐 만들어 온 '그림처럼 아름다운 가정'이 나와는 동떨어진 하나의 작품으로 보이는 날도 있었다.

《데미안》속 싱클레어는 어땠던가. 부모님으로 표상되는 빛의 세계를 거부하면서도 그는 부모님이 영위하는 경건한 생활에 대해 깊은 경외심을 가졌다. 그의 내면을 따라가면서 내게도 그와 비슷한 마음이 있다는 걸 알았다. 나 역시 부모님이 지닌 신앙심과 가정을 지켜내려는 굳센 의지를 동경한다. 다만, 부모님의 그림 안에서 걸어 나와 이제는 내 세계를 구축해 나갈 때가 된 것이다. 이러한 깨달음 이후로는 자립의 용기가 생겼다.

부모님의 그늘에서 벗어나는 것은 선과 악의 문제가 아니라 당연한 과업이다. 안전기지를 벗어나 직접 땅을 일구어갈 내 뒷모습은 아마 부모님을 조금씩 닮아갈 것이다. 이 또한 자연스러운 일이다.

  싱클레어의 첫사랑은 어땠던가. 그는 자신이 만든 이상의 노예가 되고 만다. 하지만 그는 설익고 이기적인 사랑이 그 자신으로 되돌아올 수 있게 해준 계기였다고 자평한다. 내 사랑의 역사 또한 비슷한 의의가 있었다. 누군가를 사랑할 때만큼은 나의 이상이 살아났으니까. 사랑 때문에 애착하고, 질투하고, 상처 입고, 펄쩍 뛰었던 마음들은 몽땅 다 내 것이었다. 지나간 사랑의 면면을 살펴보면 시기마다 내가 필요로 했던 것들을 알 수 있었다. 그뿐만 아니라 무엇이 사랑의 실패를 야기했는지, 내 꼴을 똑똑히 보게 되었다. 지금의 나는 어떨까. 상대를 위하는 헌신과 성실로 진정한 자유에 도달하기를 꿈꾼다. 그러려면 미래의 불확실성에도 불구하고, 영원히 한 상대에게 속하겠다는 결심이 있어야 한다. 이 또한 읽고 쓰며 깨우친 사실이다. 또 하나의 발견은 '소망'이었다.

    사람은 누구나 자신의 꿈을 발견해야 해요. 그리고 나면 길은 한층 쉬워지지요. 하지만 영원히 계속되는 꿈이란 없어요. 또다시 새로운 꿈이 나타나게 되는 거지요. 어떤 꿈에도 집착해서는 안 돼요.

마땅한 꿈 하나 꾸지 못하고 산다는 것이 늘 불만이었다. 이렇게 메말라 죽고 싶지는 않았다. 그래서 나는 누군가가 꿈을 이룬 이야기를 붙잡고 서서히 미궁을 빠져나왔다. 꾸준히 책을 읽고 기록해 두지 않았다면, 퇴사와 시골살이, 전직과 책 쓰기, 화해와 사랑 또한 불가능했을 것이다. 나의 꿈은 이 책과 함께 한 뼘 더 자라났다. 언젠가 새로운 꿈이 나타나더라도, 이전의 꿈에 집착하지 않고 나아가 보려 한다.

《데미안》의 마지막 페이지를 덮으며, 내가 원인 모를 고독 속에 그토록 찾아 헤매던 것이 바로 '나'였음을 알았다. 통나무 하나에 의지해 망망대해를 떠다니다가, 잃어버렸던 나의 배를 발견한 기분이었다. 더 이상 나의 밖에 있는 것들을 욕망하며 헤매지 않을 것이다. 신기하게도, 그물에 걸린 쓸모없는 것들을 걸러내는 동안 좋은 것들도 줄줄이 딸려 나왔다. 선을 구하는 성실, 타인에 대한 배려와 애정, 자립을 위한 끈기, 꿈을 향한 열정, 사랑하는 사람들과의 추억과 연결감이 흐린 나의 글들을 밝혀 주었다. 어둠 속에 살아온 시간마저 결코 헛되지 않았다.

간밤에 나를 괴롭히던 정체불명의 검은 존재들이 한순간에 흩어지는 꿈을 꿨다. 나의 첫 번째 탈피를 온몸으로 감각하며, 나의 모든 두려움을 이 책과 함께 떠나보내라는 뜻으로 받아들이고 싶다. 나의 어둠과 당신의 것이 닮아있다면, 자신을 찾는 쓰기에 기꺼이 투신해 보기를 권한다. 유일무이한 당신만의 해방 서사에 무한한 응원을 보내며.

> 인간이란 누구나 그저 자기 자신일 뿐만 아니라, 단 한 번 뿐인 아주 특별하고 주목할 만한 존재다. 세상의 많은 현상이 오직 단 한 번, 그곳에서 서로 교차되고, 다시는 반복되지 않는 점을 지나는 유일하고도 경이로운 사건인 것이다. 그러므로 저마다 살면서 어떻게든 세상에서 뜻을 펼치고 있다는 점에서 각자의 이야기는 중요하고 영원하고 숭고한 것이다.

함께 읽으면 좋은 책
《싯다르타》 헤르만 헤세
《깊은 곳의 빛》 루이지 마리아 에피코코
《죽음의 수용소에서》 빅터 프랭클

에필로그

 이 책이 마무리되는 날이 오기는 할까 싶을 만큼 끝이 보이지 않는 여정이었다. 퇴고를 거칠수록 글이 나아지는 것은 사실이나 아무리 좋은 것도 오래 품고 있다 보면 탈이 난다고들 했다. 이제 그만 놓아주라는 조언을 달게 받기로 했다. 마침내 탈고를 하려니 마치 내 몸의 일부를 떠나보내는 듯 거창한 기분마저 든다. 이것이 오늘의 내가 쓸 수 있는 최선임을 겸허히 받아들이기까지, 참 오래 걸렸다.

 씨로 태어나는 우리는 나자마자 어딘가에 심기게 되어 있다. 한창 생장할 때는 자율권이랄 게 없어서, 인간은 대부분 스무 해 넘게 심긴 자리에서 그대로 자라나기 마련이다. 보호와 속박, 때로는 방임을 오가며 무럭무럭 큰다. 그 결과가 탐스럽고 달콤한 결실인 사람들도 있겠지만, 나는 그렇지 못했다. 병든 식물처럼 메말라가는 나를 그냥 두고 볼 수는 없었다. 그래서 나에게 적합한 흙을 찾아 다시 나를 심기로 했다. 내가 어떤 종인지는 선택할 수 없었지만, 어떤 장소에서 어떤 사람 곁에서 어떤 방법으로 나를 피워갈지는 오직 나 자신에게 달려 있다. 나를 돌보고 키우는 것이 내가 이 땅에 온 까닭이라고 명명하면서부터 삶이 나를 위해, 나로 인해 굴러가는 것처럼 느껴졌다.

홀씨처럼 둥둥 떠다니면서 여러 종류의 사람들을 만났다. 생각보다 많은 이들이 나처럼 어딘가 뒤틀려 있거나 바짝 메말라 있었다. 인간은 회복력과 강인한 생명력을 타고나지만, 적절히 길러주지 않으면 금세 연약해지거나 타인을 상처입히는 쪽으로 엇나갈 수 있음을 목도했다. 내가 그랬다. 삶의 갈피를 잡지 못하면서도 그 누구의 조언도 귀에 들어오지 않고, 괜히 아무라도 할퀴고 싶어질 때마다 책을 찾았다. 그러다 어떤 문장에 꽂히면 홀로 골방에 틀어박혀서 글을 토했다. 흩뿌려진 마음을 쓸어모아 놓고 그 불균일한 지반을 편평하고 딴딴하게 만들고 싶었다. 그 과정에서 나와 얽혀 있던 다른 가지들과 몸을 분리하고, 썩은 이파리와 열매를 떨궈냈다. 듬성한 줄기에도 생명은 끈질기게 자라났다. 나의 책 쓰기 실험은 가지치기로 시작해 분갈이로 귀결되었다고 볼 수 있다.

처음에는 가까운 사람들이 나를 이해해 주기를 바라며 글을 썼다. 하지만 점점 나와 비슷한 처지에 있는 사람들에게 읽히기를 바라게 되었다. 전자는 오직 나 하나를 살릴 테지만, 후자는 불특정 다수의 '나'를 위한 글이 될 테니까. 내 글이 얼마나 목적한 바를 달성하게 될지는 모르겠다. 한없이 사적인 나의 글감이 미처 멀리 날아가지 못하고 힘없이 바닥에 내려앉는다고 할지라도, 내 스무 가지의 고민과 맞닿아 있는 스무 권의 책 안에서라도 꼭 변화의 단초를 찾을 수 있기를 바란다.

스무 권의 책은 작품성이나 단지 주관적인 취향을 기준으로 꼽은 것이 아님을 꼭 짚고 싶다. 나는 여러 해에 걸쳐 해결되지 못하고 엉켜 있던 내 고민을 풀어 준 책들을 추렸다. 삶에 당면한 문제였던 만큼 절박하게 찾아 헤매다 만난 문장들이고, 무기력에 완전히 생이 묻혀버리기 직전에 삶을 다시 사랑하게끔 만들어준 책들이다. 나는 이런 책들이 좋은 책이라고 믿는다. 대단한 다독가도 아니고, 평범하기 이를 데 없는 30대에 불과한 나도 읽고 썼다. 그만큼 어렵지 않다는 뜻이다. 당신도 할 수 있다. 내 글이 당신만의 인생 책 리스트를 만들어 나가는 계기가 된다면 더없이 기쁠 것이다.

단언컨대, 나는 또다시 무기력해질 것이다. 어릴 때부터 한결같이 생각이 많았던 나다. 부정적인 예측과 염려를 아예 떼어놓는 것은 단념했다. 어디 천성이 쉽게 바뀌겠는가. 그 덕분에 꾸준히 고민을 들입다 파왔고, 그 결과가 이 글이다. 그러니 아마 미래의 나는 또 다른 나의 무엇이 갈구하는 문장과 경험을 찾아 나서게 되지 않을까 싶다. 그때까지 나와 당신의 무기력에 안녕을 고하며, 이 글을 마친다.

작가 인터뷰

만일 지금 무기력에 빠져 있다면, 이제까지 다른 과제나 사람들에게 쏟아왔던 정성과 노력을 자기 자신에게 쏟아보셨으면 좋겠어요. 어떤 문제든 나라는 존재 위에 그 무엇도 두지 않기를 바라요. 나쁜 사람이 되라는 건 아니지만, 나를 돌보지 않고서는 결코 좋은 사람이 될 수 없더라고요. '나'보다 더 중요한 지상 과제는 이 세상에 없잖아요.

이 책을 쓰게 된 계기는 무엇인가요?

어릴 적부터 쓸데가 있든 없든 걱정이 많은 편이었어요. 자잘한 예기불안부터 세상 다 무너질 것 같은 비관론까지, 고민의 소용돌이에 자주 휩쓸려 다녔죠. 한때는 가까운 사람들한테 복잡한 심정을 털어놓기도 했는데, 언젠가부터 다들 저를 안타까워하거나 같이 동화되어 버리더라고요. 아차 싶었죠. 스스로 풀어내지 않으면 안 되겠다 싶어서, 그때부터는 책을 붙들었어요. 근데 한 번 읽는 것만으로는 내용이 소화가 안 되는 거예요. 그래서 줄 쳐놓은 문장을 곱씹으면서 제 느낌을 조금씩 기록하기 시작했어요. 눈앞에 산재해 있던 인생의 고민을 하나씩 풀어나가는 과정을 모은 게 이 책이에요. 세상에 고민 없는 사람은 없잖아요. 혼자 끙끙 앓는 동안 실은 굉장히 외롭고 막막했거든요. 저 같은 사람들에게 읽혔으면 하는 마음으로 썼어요.

왜 '책'이었나요?

편집디자이너로 일하면서 왠지 책을 가까이 두고 살아야 할 것만 같은 허영 섞인 의무감이 있었어요. 조금씩이라도 계속 책을 읽어온 이유죠. 처음에는 뭣도 모르고 남들이 좋다는 책을 사서 꾸역꾸역 읽었는데요. 신기한 게 어떤 책이든 얻어갈 문장은 꼭 있더라고요. 그런 문장을 찾는 재미가 쏠쏠했어요. 그러다 이 책에서 소개한 스무 권의 책들도 만났죠. 가만 보면 사람이 제각기 다 다른 것 같아도, 안고 사는 문젯거리들은 다 비슷하잖아요. 제가 하는 고민도 이미 무수한 인생 선배들이 수십, 수백 년 전부터 했던 것과 크게 다르지 않았어요. 그런 분들이 공들여 썼을 책 한 권 한 권이 꼭 인생이라는 시험의 족보같이 든든하더라고요.

평소에 주로 어떤 분야의 책을 읽으시나요?

인문학과 심리학 책을 주로 읽어요. 처음에는 마음이 왜 이렇게 어두운지 알고 싶어서 심리학 서적을 많이 읽었어요. 나와 타인을 이해하고, 상황을 객관적으로 바라보는 데 도움을 정말 많이 받았죠. 메타인지가 생기면서 삶이 훨씬 편안해졌어요.

글을 쓰면서 가장 힘들었던 점은 무엇인가요?

'내가 쓴 글이 진실인가? 내가 써놓은 글 앞에 부끄러운 삶을 살고 있지는 않은가?'라는 질문을 참 많이 했는데요. 그런 자기 검열이 제일 힘들었어요. 내가 정말 마주한 고민을 제대로 돌파해 냈는지, 그래서 그 산을 넘었는지 되짚다 보면 책을 내기에는 시기상조가 아닌가 싶기도 했고요. 하지만 결국 이 과정도 고민을 풀어나가는 것의 일부라는 것을 깨달았어요. 오히려 쓰면서 해소된 게 정말 많았어요. 제 책이 단순히 읽는 것을 넘어 함께 써보자는 이야기로 귀결되는 이유이기도 하죠.

책을 통해 돌파구를 찾는다면 어떤 분들께 쓰기가, 또 어떤 분들께 읽기가 도움이 될까요?

정해진 답은 없겠지만, 쓰기 위해서는 우선 내 안에 뭔가가 쌓여야 한다고 생각해요. 쓰려면 뭐라도 나올 게 있어야 하니까요. 내 생각과 감정도 자각이 돼야 언어화할 수 있고요. 그래서 저는 '읽기'가 먼저라고 봐요. 특히 스스로 무엇을 생각하고 느끼는지 확신이 부족한 분들에게는 일단 읽기를 추천해요. 독서를 통해 엉망진창이었던 내면의 방을 정리해 나가는 거죠. 쓰레기는 갖다 버리고, 좋은 것을 추리다 보면 막상 진짜 필요한 게 없을 수도 있어요. 그럴 때 '쓰기'를 추천해요. 웬만해서 해결되지 않는 문제들일수록 내면에 답이 있는 경우가 많더라고요. 과거에 받았던 상처로 인해 만들어진 방어기제가 있을 수도 있고, 아직 이상과 현실의 차이를 받아들이지 못한 걸지도 모르죠. 뭐가 됐든 두려움을 정면 돌파해야만 풀리는 것들이 있어요. 자기를 속이지 않고 솔직하게 쓰는 게 중요한 것 같아요.

스무 갈래의 고민 중 '일'은 빼놓을 수 없는 주제였는데요. 작가님께 일은 어떤 의미였나요?

저에게 일은 언젠가는 꼭 풀어야 할 숙제 같은 거였어요. 사회에 나갈 나이가 되면 일상의 대부분을 일에 투자해야 하잖아요. 물론 일 외적인 부분에서 만족을 추구하면서 살 수도 있겠지만, 저는 그게 진짜 잘 안됐어요. 디자이너로 일할 때는 인생을 낭비하고 있다는 생각뿐이었죠. 제가 쓸모를 잃은 사람처럼 느껴져서 괴로웠어요. 열심히 해도 잘 안되니까 점점 더 의욕도 잃었고요. 재능도 없는데 게으르기까지 하냐면서 자책도 많이 했어요. 일이 자존감에 미치는 영향이 어마어마하더라고요. 이렇게 쭉 일하다가는 병들어 죽겠다 싶었죠. 안전지대를 벗어나 의미와 재미가 모두 충족되는 일을 발견하고 나서야 알았어요. 제가 일을 얼마나 사랑할 수 있는 사람인지, 그리고 제가 이런 순간을 얼마나 갈망해 왔는지를요. 좋든 싫든, 일을 제 정체성과 떼어놓을 수 없겠더라고요. 그래서 이왕이면 더 잘하려고, 더 즐기려고 노력하고 있어요.

일에 대한 불만족 때문에 시골로 훌쩍 떠나기도 하셨잖아요.

살려고 무작정 떠났죠. 걱정도 많고 안정을 추구하는 성격인데도 그랬던 걸 보면, 그만큼 간절했나 봐요. 정신적으로나 육체적으로나 거의 죽음에 이른 상태이긴 했어요. 무기력 그 자체였거든요.

우울과 무기력에 빠져도 길게 떠날 수 없는 사람들은 어떻게 하면 좋을까요?

저는 우울과 무기력이 곧 변화해야 하는 신호라고 생각하는데요. 뭘 해도 불만족스럽고 의욕이 생기지 않는다면, 작은 소망이라도 찾아내서 시도해 봐야 하는 것 같아요. 잊고 있었던 소원이나 막연히 해보고 싶었던 일들이 분명 있을 거예요. 욕구에 솔직했던 어린 시절의 취향이나 경험을 떠올려 보는 것도 도움이 됐어요. 그렇게 제가 '시골'과 '여행'이라는 키워드를 찾았거든요.

새로운 도전 앞에서 용기가 부족해 망설이는 분들에게 해주고 싶은 이야기가 있다면요.

아직은 때가 안 된 게 아닐까 싶어요. 결단이 서지 않은 상태에서 굳이 모험할 필요는 없죠. 저는 개인의 성향에 따라 도전의 방법이나 타이밍도 달라야 한다고 생각해요. 그렇기 때문에 '나'를 알아가는 공부를 먼저 해보시기를 권해요. 너무 조급해하지 말고 이것저것 배워보기도 하고, 다양한 사람들을 만나 이야기도 나눠 보고, 온라인상에서 콘텐츠를 수집하면서 원기옥을 모아두는 거죠. 조금만 관심 가져 보면 도구는 넘쳐나거든요. 다만 마음이 약해져 있을 때일수록 여기저기 휘둘리면서 더 혼란스러워질 수도 있어요. 출판된 책이라고, 유명 인사의 말이라고, 다수가 호평했다고 무조건 나에게 이로운 건 아니잖아요. 그래서 책도 얕더라도 넓게 읽어보는 경험이 필요한 것 같아요. 그러다 진짜 변화가 간절해지는 때가 오면, 무서워도 울타리 밖으로 나가게 되실 거예요.

과거로 돌아가 자기 의심에 빠져 우울해하던 20대의 '나'를 만난다면, 어떤 말을 해주고 싶나요?

숨만 붙어 있어도 좋으니 살아만 있으라고 해줄 거예요. 어릴 때는 스스로에게 너무 가혹한 기준을 들이댔던 것 같아요. 그때는 옆에서 아무리 도움 되는 말을 해줘도 잘 들리지 않았어요. 그렇지만 그때도 어렴풋이 '스스로 변화해야 한다'라는 생각은 하고 있었어요. 확신이 부족했고, 방법을 몰랐을 뿐이죠. 그러니 지금은 한 치 앞도 보이지 않아 답답하겠지만, 어떻게든 너는 너의 길을 가게 될 거라고 담담히 말해주고 싶어요.

수많은 시행착오를 겪은 지금, 작가님께 '일'의 의미가 달라졌는지 궁금합니다.

원래는 토요일 저녁만 돼도 우울했는데, 지금은 월요일 아침이 와도 마냥 좋아요. 어느 정도인지 아시겠죠? (웃음) '포기하지 않고 나아가야 할 때'라는 글에 썼던 것처럼 저한테 맞는 일을 하니까 삶 전체에 활력이 생기더라고요. 무엇보다 일터에서 나답게 일할 수 있다는 점이 가장 좋아요. 제가 아닌 무엇이 되려고 에너지를 소모할 필요가 없다는 게 굉장한 이점이죠.

저처럼 진로 방황 중인 분들이 있다면,《위대한 나의 발견 강점혁명》이라는 책을 추천해요. 약점을 보완하는 노력을 강점에 쏟으라는 것이 이 책의 골자인데요. 수록된 테스트를 해보고 나서 저에게 생각지 못했던 종류의 강점이 있다는 걸 알게 됐어요. 동시에 이제껏 제가 얼마나 약점을 메우는 데에만 몰두해 있었는지를 깨달았죠. 처음에는 긴가민가했는데, 그때 나온 강점들을 십분 살릴 수 있는 곳에서 일하게 되고 나서야 자신을 인정하게 됐어요. 요즘은 제가 어디까지 할 수 있을까 궁금하기도 하고, 앞으로 또 어떤 일을 하게 될지 기대도 돼요.

올해 계획한 목표가 있으신가요?

올해는 크게 출판과 독립 두 가지를 목표로 삼았었어요. 길고 길었던 출판은 이제 끝을 향해 가고 있고, 독립도 차근차근 준비 중이에요. 원래는 자취가 목표였는데, 최근 결혼을 결심하게 되면서 이루게 될 독립의 형태가 좀 달라졌죠. 그래도 의미는 크게 다르지 않아요. 정서적으로나 물리적으로나 부모님으로부터 자립하고 싶었거든요. 다만, 뭐든 혼자 해내야 한다는 강박이 좀 있었어요. 결혼도 꼭 다른 의지처를 찾는 것 같아서 선뜻 결심이 안 서더라고요. 뭔 놈의 생각이 그렇게 복잡했나 싶은데, 그냥 그때는 자기 확신이 없었어요. 지금은 혼자 살든, 누군가와 함께 살든 내 두 다리로 서는 게 독립이라고 생각해요. 이제는 괜찮을 것 같아요. 제 입으로 이런 소릴 하다니, 꽤 살만해졌나 본데요. 이러고 또 금세 나자빠져서는 울고 있겠죠?(웃음) 그러면 좀 널브러져 있다가 '그래, 이래야 삶이지!' 하고 다시 일어나야죠.

미래의 작가님은 어떤 모습일까요?

저는 사람들과 만나서 대화하는 걸 좋아하는데요. 먼 미래에는 자기 이해와 치유를 목적으로 한 자조 모임을 하고 있지 않을까요. 산 좋고 물 좋은 동네에서 소박한 공간을 꾸며놓고, 지치고 힘든 사람들이 훌쩍 떠나오면 환대하는 일상을 사는 게 꿈이거든요. 마치 세상사에 지친 손녀들을 반갑게 맞는 할머니의 마음으로요. 왜 꼭 할머니한테 다녀오면 하도 잘 먹어서 포동포동해지잖아요. 온갖 방법을 동원해 찾아온 분들의 쪼그라든 마음을 통통하게 만들어서 다시 집으로 보내는 거죠. 그렇게 늙어간다면 참 행복할 것 같아요.

마지막으로 독자들에게 전하고 싶은 말씀이 있다면요.

만일 지금 무기력에 빠져 있다면, 이제까지 다른 과제나 사람들에게 쏟아왔던 정성과 노력을 자기 자신에게 쏟아보셨으면 좋겠어요. 지금 마주한 고민이 외부 상황이나 관계와 얽히고설킨 것일 수도 있을 텐데요. 어떤 문제든 나라는 존재 위에 그 무엇도 두지 않기를 바라요. 나쁜 사람이 되라는 건 아니지만, 나를 돌보지 않고서는 결코 좋은 사람이 될 수 없더라고요. '나'보다 더 중요한 지상 과제는 이 세상에 없잖아요. 마지막으로, 그리 밝지만은 않은 제 이야기를 지치지 않고 끝까지 읽어 주셔서 감사해요. 당신의 무기력에도 무한한 응원을 보냅니다.

내 무기력이 사랑한 문장들
스무 개의 고민과 스무 권의 책

발행일 2025년 8월 15일

지은이 곽하늘
펴낸이 마형민
기획편집 페스트북 편집부
디자인 김안석
펴낸곳 주식회사 페스트북
주소 경기도 안양시 동안구 관악대로 488
홈페이지 festbook.co.kr

ⓒ 곽하늘 2025

ISBN 979-11-6929-870-4 03810

값 15,000원

* 이 책은 저작권법에 의해 보호를 받는 저작물이므로 무단 전재와 무단 복제를 금합니다.
* 페스트북은 작가중심주의를 고수합니다. 누구나 인생의 새로운 챕터를 쓰도록 돕습니다.
  creative@festbook.co.kr로 자신만의 목소리를 보내주세요.